Finstere Absicht

Conny Lüscher

Finstere Absicht

Thriller

Jede Ähnlichkeit mit lebenden oder toten Personen und tatsächlichen Ereignissen wäre rein zufällig.

Erstausgabe

Kontakt: conny@connyluescher.ch
Website: www.connyluescher.ch
ISBN: 978-3-9525662-5-1
Cover Design: RUDOLFBADEN.KI

Lektorat: Regine Weisbrod

Inhaltsverzeichnis

Eine schlechte Mutter 7
Ein kleiner Teufel 18
Emil 25
Bargeld 34
Vier Pfoten im Schnee 38
Pizza für alle 44
Eiskalte Nacht 51
Das Rendezvous 60
Elodie 67
Still und kalt 70
Das Kindlein 76
Sarah 81
Unerwünschter Besuch 96
Elodie 105
Die Neue 109
Elodies Tagebuch 120
Kai 139
Der Schuppen 146
Kai 167
Elodie 170
Friedrich 172
Wo ist Leni? 180
Schnee 189
Das Kinderzimmer 195
Grüne Weihnacht 204
Auf Wiederlesen 208
Leseproben 210

Eine schlechte Mutter

Anna versuchte sich in der Strickjacke zu verkriechen wie eine Schildkröte in den Panzer.

Sie stand am Fenster ihres Schlafzimmers und sah hinaus in den weitläufigen Garten der Villa. Der November neigte sich dem Ende zu, und im trüben Licht dieses nicht enden wollenden Tages kam er ihr vor wie ein Trugbild. Geradezu mystisch. Das Laub lag wie ein vermodernder Teppich unter den Bäumen, vereinzelte Blätter klebten auf dem Rasen an welkendem Unkraut. Die kahlen Äste der alten Bäume ragten anklagend in den Himmel. Es wirkte, als läge der Garten im Sterben. Als hätte der tagelange Frost alles Lebendige erstarren lassen.

Anna spürte die Kälte bis ins Mark. Es lag nicht allein daran, dass das Haus nicht richtig beheizt wurde. Die alte Villa war riesig und stammte noch aus Zeiten, in denen man mehr Wert auf eine prächtige Ausstattung als auf eine vernünftige Isolation gelegt hatte. Der Marmorboden im Erdgeschoss fühlte sich an wie eine Eisfläche, sie spürte seine frostige Glätte durch die Sohlen der Hausschuhe. Im ersten Stock lag überall Parkett, und vielleicht war es Einbildung, doch dort kam es ihr wärmer vor.

Schlimmer als die Kälte jedoch waren die Angst und verzweifelte Sorge, die sie beim Gedanken an ihren Sohn empfand.

Anna hätte ins Ankleidezimmer gehen können, sich etwas aus den Unmengen von Pullovern, Jacken, Mänteln und Kleidern aussuchen, die wie eine bunte Lawine hervorquollen, sobald man eine Tür oder Schublade öffnete.

Anna wollte das nicht. Sie wollte diese Dinge nicht einmal anfassen.

Denn es fühlte sich an, als würde sie endgültig aufgeben, wenn sie etwas davon anzog. Und das würde sie niemals tun. Also hatte sie nur das Nötigste genommen. Eine Jeans und einen Pullover, als ihre Sachen nach einer Woche zu miefen begannen. Im Keller gab es eine Waschmaschine, doch sie funktionierte nicht richtig, verweigerte launisch ihren Dienst wie eine gekränkte Diva. Auch sie war schon alt. Rumpelte laut und stotternd wie ein betagtes Wesen, das mit letzten Kräften seine Arbeit zu tun versuchte.

Anna hatte jeden Abend ihren Slip mit etwas Seife im Waschbecken des Badezimmers gewaschen, das ihr mit seinen Marmorwänden vorkam wie eine Gletscherhöhle. Doch am

Morgen hatte der Slip noch feucht auf dem Rand der Badewanne gelegen.

Und so musste sie wieder einen der lächerlichen Strings tragen, die sich in den Schubladen türmten. In Rot oder Schwarz. Spitzenbesetzt, mit funkelnden Steinchen verziert. Eine Provokation aus Seide.

Welche Frau kauft sich so was?, hatte Anna irritiert gedacht, als sie bei ihrer Suche nach Unterwäsche darauf gestoßen war. Doch sie musste nehmen, was da war.

Es war jetzt völlig unwichtig. Anna konnte nur an ihr Baby denken.

Emil, wie geht es ihm? Friert er? Geben sie ihm pünktlich seine Milch? Oh Gott, nur für eine Sekunde habe ich nicht aufgepasst, und so strafst du mich dafür? Ich werde es wiedergutmachen. Wenn ich nur sicher sein könnte, dass es ihm gut geht! Ich gebe nicht auf! Ich finde ihn, ich muss es wieder versuchen.

Am liebsten wäre Anna laut schreiend durch das Haus gerannt und hätte alle Türen eingeschlagen. So lange, bis sie ihren Sohn wieder in die Arme schließen konnte und nie mehr loslassen würde.

Doch das durfte sie auf keinen Fall tun. Sie musste sich ruhig verhalten und den Anschein aufrechterhalten, dass sie sich gefügt hatte. Sie durfte sich keinen Fehler erlauben und sie nicht provozieren.

Dann wird alles wieder gut! Das hat er mir versprochen!

Leise Töne schwebten durchs Treppenhaus und drangen durch die schwere Eichentür an ihr Ohr. Eine wunderschöne Tonfolge, die sie berührten wie zarte Finger.

War das Kai? Könnte er so gefühlvoll spielen? Wohl kaum, das musste Elodie sein.

Sie hasste das Mädchen genauso sehr wie seinen Zwillingsbruder. Daran änderte auch Annas Vermutung nichts, dass Elodie sich ziemlich sicher gar nicht bewusst war, was für ein Verbrechen sie begingen. Dass sie einfach nur genau das machte, was Kai von ihr verlangte.

Seit der ersten Nacht, als Elodie aufgeschreckt von Annas Schreien ins Zimmer gestürmt war, ging ihr das Mädchen aus dem Weg, verbarrikadierte sich in ihrem Zimmer.

Weil das schlechte Gewissen sie plagte?

Anna hatte mehrmals versucht, mit ihr zu reden. Hatte leise an ihre Tür geklopft und sie angefleht. Darum gebettelt, sie mit ihrem Kind gehen zu lassen. Geschworen, dass sie niemandem etwas erzählen würde.

Nur einmal hatte Elodie ihr geantwortet. Ängstlich hatte sie durch die geschlossene Tür gerufen: „Geh weg! Mach doch einfach, was Kai sagt. Dann wird alles gut, und du kannst nach Hause."

Elodies Bruder Kai traute Anna alles zu. Sein hübsches Gesicht wirkte wie versteinert, wenn er mit ihr redete. Sein Blick teilnahmslos. Er würde nicht zögern und seine Drohung wahrmachen.

Vier, fünf Tage noch, hatte Kai gesagt. Dann durfte sie gehen.

Doch konnte Anna ihm das glauben?

Nein. Er würde das Risiko nicht eingehen, dass sie trotz aller Schwüre zur Polizei ging und Anzeige erstatte.

Wegen Entführung und Erpressung.

Also würde sie für den Rest ihres Lebens hier eingesperrt bleiben? Dazu gezwungen sein, mit den Zwillingen ein Leben zu teilen, das nicht ihres war? Würde man sie überhaupt am Leben lassen?

Anna biss sich in die geballte Faust. Die Ungewissheit war kaum mehr zu ertragen.

Die Melodie verstummte, und Anna hielt den Atem an.

Sie durfte ihr Zimmer nicht ohne Erlaubnis verlassen. Die Fenster nicht öffnen. Doch sie wollte es wieder versuchen. Denn es gab eigentlich nur noch einen Ort im Haus, wo sie Emil versteckt haben konnten.

Sie öffnete die Tür einen Spalt, und nun flatterten neue Töne wie kleine Schmetterlinge um ihren Kopf. Hell und klar. Sie schlüpfte aus dem Zimmer und beugte sich über das Geländer. Sie konnte den Flügel nicht sehen, doch Elodie gab sich ganz der Musik hin und würde hoffentlich noch eine Zeit lang spielen.

Anna huschte den Flur entlang und lauschte an der letzten Tür.

Kais Zimmer.

Gedämpft drang das Wummern tiefer Bässe durch das Holz. Harte Schläge, kaum verständliche Worte, die von einem Sänger mehr gebrüllt als gesungen wurden. Das war seine Musik. Laut und dröhnend. Also musste er in seinem Zimmer sein.

Wie lange noch? Ich muss schnell sein.

Anna rannte zu der Tür am Ende des Flurs. Kaum sichtbar in der Holzvertäfelung. Dahinter verbarg sich eine schmale Treppe, die an der Küche vorbei hinab in den Keller führte. Früher war das wohl der Weg gewesen, der von den Dienstboten benutzt worden war. Das musste Jahrzehnte her sein.

Aber es gab auf der dicken Staubschicht der Stufen Fußspuren. Von Elodie? Kam sie so ungesehen in den Keller zu Emil?

Denn wo sonst könnten sie ihren Sohn noch versteckt haben? Hier oben war er nicht. Trotz der dicken Türen hätte Anna ihn gehört, wenn er geschrien oder geweint hätte.

Falls er noch lebt.

Sie schob den grauenhaften, nicht zu ertragenden Gedanken mit aller Macht von sich.

Sie haben es versprochen!

Anna hastete die Stufen hinab bis in den Keller. Es war feucht und roch muffig. Eine einzelne Neonröhre flammte auf, als sie den Lichtschalter betätigte. Der Rest der Beleuchtung funktionierte nicht.

Rechts und links des Gangs, der ganz hinten vor dem Heizungsraum endete, gab es jeweils drei Türen. Hinter der ersten lag die Waschküche. Gegenüber dem Vorratsraum, der vollgestellt war mit Dingen, von denen einige das Verfallsdatum überschritten hatten. Dann kam der Weinkeller. Es mussten mindestens vierhundert Flaschen sein, die darin lagerten. Staubbedeckt in Regalen, die bis zur Decke reichten.

Anna verstand nicht viel von Wein, aber sie vermutete, dass hier, abgefüllt in Flaschen, ein Vermögen lag.

Der Raum hinter der nächsten Tür war vollkommen leer. Abgesehen von den klebrigen Spinnweben die von der Decke baumelten, und den längst vertrockneten Fliegen auf dem Boden. Anna hatte sich erschreckt, als sie gestern diese Tür geöffnet hatte. Die Villa platzte fast aus den Nähten mit all den Möbeln, Bildern, Vasen, Leuchtern und einem Sammelsurium von Dingen aus aller Welt.

Der kahle Raum wirkte wie ein Fremdkörper. Geradezu beängstigend.

Anna eilte daran vorbei. Zwei Türen noch. Sie waren mit einem Vorhängeschloss gesichert.

Eine muss es sein!

Die Musik verstummte.

Bitte nicht!

Die plötzliche Stille versetzte sie in Panik. Gleich würde man nach ihr rufen, ihr blieb keine Zeit.

Mit bebenden Fingern griff sie in die Tasche ihrer Jeans und zog ein Stück Draht hervor. Sie hatte es von der Rispe einer längst verblühten Orchidee abgenommen, deren Stängel damit an einem Holzstab befestigt gewesen war.

Anna hatte noch nie ein Schloss aufgebrochen, doch jetzt musste sie es versuchen.

Trotz der feuchten Kälte, mit der sich ihr Pullover wie ein Schwamm vollzusaugen schien, schwitzte sie, als sie vorsichtig die Spitze des Drahtes in das Schlüsselloch einführte. Sie bog ihn ein wenig und stocherte darin herum. Als sie auf Widerstand stieß, drehte sie ihn.

Nichts. Kein Geräusch, schon gar kein verheißungsvolles Klicken.

Sie betrachtete das Schloss durch einen Tränenschleier und legte ein Ohr an die Tür.

Emil? Mein Liebling? Bist du da drin?

Kein Laut. Außer dem leisen Rauschen der Heizung hinten im Gang, war nichts zu hören.

Anna wischte sich die feuchte Hand am Pullover ab und versuchte es von neuem.

Gerade, als sie wieder einen Widerstand zu spüren glaubte und behutsam den Draht zu drehen versuchte, hörte sie Schritte auf der Kellertreppe. Hastig versteckte sie den Draht in der Hosentasche, huschte zur Waschküche und legte die Hand auf die Klinke.

„Was treibst du hier unten?“ Kais Augen funkelten im Zwielicht.

„Ich wollte in der Waschküche …“ Annas Herz pochte, als ihr siedend heiß einfiel, was sie vergessen hatte. Wäsche! Sie hatte nicht daran gedacht, ein paar Kleidungsstücke mitzunehmen.

Kai verzog das Gesicht. „Hör auf. Gib dir keine Mühe. Ich weiß, was du hier unten wolltest. Rumspionieren. Hast du vergessen, was ich gesagt habe?“ Drohend machte er einen Schritt auf sie zu, und Anna wich zurück.

„Du sollst in deinem Zimmer bleiben, bis man dich ruft. Und schon gar nicht alleine in den Keller gehen. Außerdem ist es zwecklos. Du wirst ihn nicht finden. Muss ich dich wirklich die ganze Zeit einsperren? Willst du das?“

Anna fühlte, wie die ohnmächtige Wut wieder in ihr hochkochte. Ihre Finger krampften sich um den Draht in der Tasche. Am liebsten hätte sie sich auf Kai gestürzt und ihm damit die Augen ausgestochen. Und solange auf ihn eingeprügelt, bis er endlich reden würde.

Aber sie musste an ihr Baby denken.

„Wie kannst du, wie könnt *ihr* nur so grausam sein!“ Tränen strömten ihr über die Wangen. „Bitte! Bitte, ich flehe dich an! Ich muss ihn sehen, nur für einen kurzen Moment. Ich verspreche dir, dann tue ich alles, was du willst. Bitte!“

Kai sah sie an. Kein Muskel regte sich in seinem Gesicht, und für einen Moment keimte Hoffnung in ihr auf.

Dass er zur Vernunft kam! Der Wahnsinn ein Ende hatte!

Doch er fuhr sich mit der Hand über seine blonden Haare, die er millimeterkurz geschnitten trug, und schüttelte den Kopf.

„Du bist keine gute Mutter. Du hast nicht auf ihn aufgepasst. Es ist besser, wenn Elodie und ich uns um Emil kümmern." Er drehte sich um und winkte sie zu sich. „Jetzt komm schon. Es wird Zeit für das Abendessen. Siehst du? Auch daran hast du nicht gedacht. Dich auch darum nicht gekümmert. Du bist eine schlechte Mutter."

Fast blind vor Tränen folgte Anna ihm hinauf in die Küche.

Sie saß in einer Falle. Konnte nichts tun, außer zu beten, dass die Zwillinge die Wahrheit sagten. Dass es Emil gut ging. Dass sie sich um ihn kümmerten.

Dass er noch am Leben war.

Ein kleiner Teufel

„Friedrich! Aus! Pfui! Himmel noch mal!“ Karl Beck packte den kleinen Hund am Genick und schüttelte ihn.

Der Rauhaardackel dachte nicht im Traum daran, seine Beute auszuspucken. Zwischen seinen Zähnen klemmte ein Stück Papier, in dem sich ein undefinierbarer Rest von etwas befand, das verführerisch roch und verschlungen werden wollte.

Karl hob ihn hoch und klemmte seine Finger zwischen die spitzen Zähne. Friedrich strampelte, doch er hatte keine Chance. Karl entwand ihm die Leckerei und warf sie mit angewidertem Gesicht in hohem Bogen in die Büsche. Ein Fetzen Papier war hängen geblieben und zierte Friedrichs Schnauze, als er sein Herrchen vorwurfsvoll ansah.

Karl zupfte daran und schüttelte wütend den Kopf. „Du kleiner Teufel. Wie oft soll ich dir noch sagen, dass du niemals etwas vom Boden fressen sollst! Niemals! Es geht nicht darum, dass du uns wieder auf den Teppich kotzt. Aber es könnte Gift darin sein, verstehst du? Es gibt böse Menschen, sehr, sehr böse Menschen!“

Karl schmolz beim Anblick der braunen Augen, mit denen der Hund ihn aufmerksam betrachtete – als verstünde er tatsächlich jedes Wort.

„Wenn dem doch nur so wäre“, seufzte Karl und setzte den Dackel wieder ab. „Komm, ab nach Hause. Frauchen wartet bestimmt schon auf uns.“

Friedrich trippelte an der Leine voran, und Karl zog seinen Schal enger um den Hals.

Eine Affenkälte war das. Viel zu kalt für Ende November. Vielleicht hatte er auch nur vergessen, wie kalt die Winter hier waren.

Zehn Jahre waren vergangen, seit sie das letzte Mal um diese Zeit mit dicken Jacken und Schals herumgelaufen waren.

Mit dreiundsechzig hatte er seine Baufirma verkauft und war mit Maria ausgewandert, die fast ihr ganzes Leben an seiner Seite geschuftet hatte. Sie hatten sich ein kleines Häuschen auf Lanzarote gekauft und dort glückliche, unbeschwerte Jahre verbracht. Gerade als sie sich ernsthaft überlegt hatten, ihr altes Zuhause nun doch zu verkaufen, um auch den Rest ihres Lebens auf der Insel zu verbringen, war das Unglück über sie hereingebrochen.

Maria verlor in einer Kurve die Herrschaft über ihren Roller und stürzte. Die Hüfte war anscheinend sowieso nicht mehr gut in Schuss gewesen, und der Unfall hatte ihr den Rest gegeben. Als man ihnen im Krankenhaus mitteilte, dass es ohne ein neues Gelenk nicht gehen würde, hatte Karl alles zusammengepackt. Bei aller Liebe zur Insel, er wollte das Allerbeste für seine Frau. Die besten Ärzte, die beste Klinik, und obwohl Maria sich sträubte, waren sie zurückgekehrt.

Glück im Unglück war, dass die Mieter, die in der Zwischenzeit in ihrem Bungalow gewohnt hatten, ebenfalls ausgezogen waren. So landeten sie wieder in ihrem alten Zuhause, braungebrannt und in Begleitung von Friedrich, der ihnen auf der Insel zugelaufen war.

Karl hatte sich mit Händen und Füßen gewehrt. Ein junger Hund, wenn man schon über siebzig war, schien ihm als die dümmste aller Ideen. Doch Maria hatte nicht lockergelassen, hatte sie sich doch rettungslos in das kleine Energiebündel verliebt. Und Karl natürlich auch. Was er allerdings niemals zugeben würde.

Doch wer könnte diesem treuherzigen Blick standhalten? Der Versuchung widerstehen, das raue Fell und die winzigen, buschigen Augenbrauen zu streicheln?

Und Friedrich war ihm ein Trost gewesen, als Maria in der Klinik und anschließend in der Reha gewesen war. Das Haus war ihm nicht ganz so leer erschienen, und er war beschäftigt gewesen. Damit, den kleinen Racker von irgendwelchem Unsinn abzuhalten. Die Möbel anzuknabbern zum Beispiel. Löcher im Garten zu buddeln, in denen Maria mit ihren Krücken hängen bleiben und stürzen könnte. Oder das Klopapier in den Badezimmern zu schreddern, bis nur noch Konfetti übrigblieb.

„Kleiner Teufel", murmelte Karl schmunzelnd, während er dem Dackel hinterherlief, der kräftig an der Leine zog.

Noch etwa hundert Meter, dann waren sie zu Hause. Es war erst kurz nach fünf, aber schon fast dunkel.

Die Straße war eine Sackgasse, gesäumt von Häusern, die sich nicht jedermann leisten konnte. Ihr Haus war wohl das neueste, obwohl Karl es schon in den Siebzigerjahren selbst gebaut hatte. Er hatte einen alten Kasten abreißen lassen und an seiner Stelle einen Bungalow errichtet. Damals war es das Nonplusultra gewesen, topmodern. Heute war er vor allem froh darüber, dass sie in einem Haus wohnten, in dem es keine Stufen gab. Maria war inzwischen mit ihren Krücken ganz flott unterwegs, aber bei Treppen fühlte sie sich noch unsicher.

Friedrich blieb vor der Auffahrt der Wagners stehen und zerrte leise jammernd an der Leine.

„Was zum Kuckuck willst du denn bei denen?“, sagte Karl und zog ihn zurück auf den Gehsteig.

Er warf einen Blick auf das Haus, das etwa dreißig Meter entfernt in die Dunkelheit ragte wie ein Artefakt aus längst vergangenen Zeiten. Und das war es letztlich auch: eine Villa, einstmals wohl das prächtigste Haus in der Gegend.

Womit die Vorfahren von Paul und Vanessa Wagner ihr Geld gescheffelt hatten, wusste Karl nicht. Und Paul schien es noch vermehrt zu haben. Sie hatten ein freundliches, wenn auch distanziertes nachbarschaftliches Verhältnis mit ihnen gehabt. Es waren andere Zeiten gewesen, Karl und Maria hatten nur für die Firma gelebt.

Und gerade, als sie ihre Siebensachen für die Auswanderung packten, starb Paul Wagner an einem Herzfehler, der anscheinend all die Jahre unentdeckt geblieben war.

Karl konnte sich noch gut an die Beerdigung erinnern. An die Zwillinge, die damals erst acht Jahre alt gewesen waren. Niemals im Leben würde er dieses Bild vergessen, es hatte sich regelrecht in seine Netzhaut gebrannt.

Zwei winzige, blondgelockte Persönchen, die einander an den Händen hielten und zwischen all den schwarz gekleideten Erwachsenen völlig verloren wirkten. Sich aneinander klammerten und stumm und reglos verfolgten, wie der blumengeschmückte Sarg in der Tiefe verschwand.

Karl und Maria reihten sich in die Schlange, um Frau Wagner ihr Beileid zu bekunden, und bei jedem Schritt überlegte sich Karl, was er zu den Kindern sagen sollte. Gab es überhaupt tröstende Worte, wenn man in diesem Alter den Vater verloren hatte? Konnten sie überhaupt schon verstehen, was geschehen war?

Als sie endlich an der Reihe waren, hatten sich die Zwillinge entfernt. Spazierten Hand in Hand an den Gräbern entlang, und Karl war erleichtert.

Von ihren Freunden, die sie manchmal auf der Insel besuchten, erfuhren sie, dass Vanessa Wagner nicht wieder geheiratet hatte, aber sich in unzählige Affären stürzte und ein ziemlich wildes Leben führte. Die Kinder verbrachten wohl die meiste Zeit in Internaten, und nun waren sie ja schon fast erwachsen.

Meine Güte, wie die Jahre verfliegen, dachte Karl und zog wieder an der Leine.

„Jetzt komm endlich!“, sagte er zu Friedrich, der offenbar unbedingt auf das Grundstück wollte. „Wir machen bald mal einen Anstandsbesuch, das wäre ja längst fällig. Und dann kannst du dich da umschauen. Aber nicht heute.“

Friedrich gehorchte widerwillig. Er liebte sein Herrchen und sein Frauchen. Seit er bei ihnen war, ging es ihm gut. Niemand warf mehr mit Steinen nach ihm, und Futter gab es reichlich. Er gab sich redlich Mühe, die Menschen zu verstehen, auch wenn das manchmal ziemlich schwierig war. Dass gewisse Dinge nur ihnen gehörten und man damit nicht spielen durfte, auch wenn es noch so viel Spaß machte, hatte er inzwischen begriffen. Aber riechen konnten sie anscheinend nicht sonderlich gut.

Wie anders war es zu erklären, dass man ihn davon abhielt, dem faszinierenden Geruch zu folgen, der ihm gerade wieder in die Nase gestiegen war. Er war außergewöhnlich, noch nie hatte Friedrich etwas Ähnliches gerochen. Seit es so kalt geworden war, war der Duft nicht mehr ganz so intensiv.

Aber immer noch verlockend. Er kam von irgendwo aus dem Garten, in den ihn sein Herrchen nicht gehen ließ.

Vergessen konnte Friedrich ihn nicht.

Emil

„Warum wacht er nicht auf?“, fragte Elodie besorgt. „Wie viele von den Tropfen hast du in das Fläschchen getan?“

„Nur zwei, keine Sorge, die können ihm nicht schaden“, erwiderte Kai und musterte das Gesicht des Babys.

„Bist du ganz sicher?“ Elodie war immer noch beunruhigt.

Emil ballte die Händchen, die auf dem Kissen neben seinem Kopf ruhten, und öffnete die Augen.

„Da bist du ja!“, rief Elodie und hob ihn vorsichtig aus dem Bettchen.

„Siehst du? Wie ich gesagt habe, alles in Ordnung mit ihm.“

„Du musst jetzt etwas trinken, kleiner Mann“, sagte Elodie und hielt sich prüfend das Fläschchen an die Wange. „Und dann wirst du gebadet und bekommst eine frische Windel. Du duftest nicht gerade nach Rosen.“

Emil gab ein glucksendes Geräusch von sich, als sich Elodie mit ihm in den Armen in den Sessel setzte.

Das Baby hatte Hunger und begann begierig zu nuckeln.

Kai setzte sich auf einen Stuhl und beobachtete die beiden.

Nicht mehr lange, dann war es überstanden. Doch er war besorgt. Kai hatte einen riesigen Schreck bekommen, als Emil nicht gleich aufgewacht war. Seine Schwester durfte das auf keinen Fall merken. Sie würde in Panik verfallen.

Er nahm sich eines der Plüschtiere, die aufgereiht wie zur Parade auf der Kommode saßen.

„Haben wir denn nicht schon genug Geld? Können wir nicht einfach jetzt verschwinden?“, fragte Elodie.

„Nein, für die erste Zeit sollten wir möglichst viel Bargeld zur Verfügung haben“, erwiderte er und verdrehte einem Plüschhasen die Ohren.

Elodie seufzte tief. „Es fühlt sich falsch an. Wir dürfen das nicht tun. Sie tut mir leid.“

Kai stellte den Hasen zurück. „Morgen fahre ich wieder mit ihr zur Bank.“

„Ich habe Angst“, flüsterte Elodie.

„Ich weiß, aber mach dir keine Sorgen. Es hat doch das letzte Mal gut geklappt, und das wird es auch diesmal wieder.“ Kai streichelte ihr beruhigend die Wange.

Sie bedeutete ihm alles. Mehr als sein Leben, das er, ohne zu zögern, für sie geben würde.

Kai beobachtete Elodie im Spiegel, der neben ihr an der Wand hing. Im warmen Schein der Tischlampe und mit dem Kind in den Armen sah sie aus wie eine der Frauen auf alten Altarbildern. Eine Heilige, eine jungfräuliche Maria.

Eine glückliche Mutter.

Der Gedanke war schmerzhaft, und er rieb sich die Stirn.

Elodie blickte auf und sah ihn traurig an.

Kai rappelte sich auf und zog sein Handy aus der Tasche. „Ich mache noch einen kurzen Film, wenn du Emil gebadet hast. Du wirst sehen, dann wird alles gut gehen. Sie wird sich genau an das halten, was ich ihr sage, und keine Dummheiten machen. Sie liebt ihren Sohn."

„Ja, das tut sie. Sie ist keine schlechte Mutter." Elodie streichelte über das runde Köpfchen des Jungen. „Und weißt du was? Ich liebe ihn auch, ich wäre eine gute Mama geworden."

Der Juckreiz war unerträglich.

Anna versuchte mit den Fingern unter die Perücke zu gelangen, ohne sie zu verschieben. Keine Sekunde hatte sie um ihre schönen braunen

Haare getrauert, die endlich wieder eine Länge erreicht hatten, um sie hochzustecken.

Lautlos waren sie zu Boden gefallen. Ein Teil von ihr, den es von einer Minute auf die andere nicht mehr gab. Sie hatte kaum wahrgenommen, wie die Schere über ihren Kopf fuhr, so dicht, dass sie an zwei Stellen die Haut verletzte. Der Schmerz hatte sich weit weg angefühlt. Nur ein Gedanke hatte sich in ihrem Kopf gedreht wie ein rasendes Karussell.

Emil! Emil!

Und immer noch war sie kaum fähig an etwas anderes zu denken. An ihren Sohn und wie sie mit ihm entkommen könnte.

Zurück in die Welt vor ihrem Fenster, in der alles seinen gewohnten Gang ging.

Anna blinzelte und beugte sich vor, als sie unter der Lampe auf dem Gehsteig eine Gestalt bemerkte. Der Mann sah zu ihr hoch, in der Hand eine Leine, an der ein kleiner Hund zerrte.

Kann er mich sehen? Schaut er überhaupt zu mir?

Anna konnte das nicht erkennen, der Mann war viel zu weit weg. Aber je länger er dastand, desto mehr geriet sie in Versuchung, sich bemerkbar zu machen.

Wer ist das? Warum geht er nicht weiter? Vielleicht weiß er ja etwas! Ahnt, dass in diesem Haus etwas Schreckliches vor sich geht.

Die Versuchung wurde übermächtig. Anna öffnete das Fenster, beugte sich weit hinaus und blickte nach unten.

Wo sind die Zwillinge?

Im Erdgeschoss waren alle Fenster hell erleuchtet, aber im Haus war kein Laut zu hören. Gerade als Anna sich entschlossen hatte und laut rufen und winken wollte, zog der Mann an der Leine und drehte sich um. Eine Sekunde später hatte die Dunkelheit die beiden verschluckt.

Anna hatte nicht gehört, dass sich hinter ihr die Zimmertür geöffnet hatte. Sie erschrak fast zu Tode, als sie sich umdrehte und Kai vor ihr stand.

„Du hast dich ziemlich weit aus dem Fenster gelehnt. Was hattest du denn vor? Wolltest du runterspringen?“, fragte er.

„Ich … nein, natürlich nicht“, stammelte Anna. „Ich wollte nur etwas frische Luft hereinlassen.“

„Du sollst dich von den Fenstern fernhalten oder zumindest deine Brille tragen. Denk an deine Augen. Mit so einer Entzündung ist nicht zu spaßen.“

Anna stand mit hängenden Armen da, bemüht, nicht den Verstand zu verlieren, als sie ihn ansah.

Wie war es nur möglich, dass dieser junge Mann, der doch fast noch ein Kind war, so kaltherzig sein konnte? So unerbittlich. War er schon immer so gewesen?

Wenn Anna ihm zufällig auf der Straße begegnet wäre, hätte sie ihn womöglich angelächelt. Er sah sehr gut aus, wirkte sympathisch, und sie konnte sich gut vorstellen, dass es nicht wenige Mädchen gab, die beim Blick in seine strahlend blauen Augen nervös wurden.

„Setz dich zu mir!“, sagte Kai und klopfte auf die Bettkannte.

Erst jetzt bemerkte sie das Glas in seiner Hand. Cognac, Wein, Milch, jeden Abend etwas anderes.

Aber was auch immer sie bekam, Anna wusste, dass darin ein Schlafmittel enthalten war. Denn nachdem sie das Glas leergetrunken hatte, wurden ihre Glieder schwer. So sehr sie sich auch dagegen sträubte, konnte sie nicht verhindern, dass sie einschlief. Tief und fest, bis sie am späten Morgen desorientiert und gerädert von entsetzlichen Träumen wieder hochschreckte.

In der ersten Nacht war sie trotz des Schlafmittels zu sich gekommen. Geweckt von dem pochenden Schmerz am Hinterkopf. Verwirrt und noch halb betäubt war sie aus dem fremden

Bett gekrochen. Wie im Nebel durch den dunklen Raum getorkelt und hatte nach Emil geschrien.

Der Schlüssel hatte sich gedreht, und jemand kam ins Zimmer gestürzt. Führte sie behutsam zurück zum Bett und flüsterte beruhigende Worte, die Anna kaum verstanden hatte.

Und sie hatte sich an nichts erinnern können. Anna wusste nicht mehr, wie sie hierhergekommen und weshalb ihr Sohn nicht bei ihr war. Entkräftet hatte sie das Glas leergetrunken, das ihr an die Lippen gehalten wurde.

„Hier, trink das, es wird dir guttun. Mein Name ist Elodie, und ich werde mich gut um Emil kümmern. Ich verspreche es."

Anna war bewusstlos umgekippt und am Morgen in einem Albtraum aufgewacht.

„Mach schon, trink das", sagte Kai und hielt ihr das Glas hin. „Wir wollen doch nicht, dass du wieder schlafwandelst."

Es war zwecklos, mit Kai zu verhandeln, Anna wusste das inzwischen. Und es war auch nicht möglich zu schummeln. Er ließ sie keine Sekunde aus den Augen, bis das Glas leer war.

Rotwein. Er schmeckte bitter.

„Na also, geht doch“, sagte Kai zufrieden und nahm ihr das Glas aus der Hand. „Morgen fahren wir wieder zur Bank. Ich muss dir nicht mehr viel erklären. Du weißt inzwischen, was du zu tun hast, richtig?“

Anna nickte. Ihr Herz pochte vor Aufregung. Das war das zweite Mal, dass sie das Haus verlassen durfte. Ihren Kerker. Vielleicht gab es diesmal eine Chance? Eine winzig kleine?

Sobald er weg ist, stecke ich mir den Finger in den Hals, dachte sie und hoffte, dass sich ihre Aufregung nicht im Gesicht spiegelte. *Ich muss einen klaren Kopf behalten, mir alles ganz genau überlegen. Ich darf Emil nicht in Gefahr bringen.*

„Schau mal“, sagte Kai und hielt ihr sein Handy hin. „Ich dachte, das freut dich. Und vielleicht benötigst du ja noch etwas Motivation, um morgen nicht aus deiner Rolle zu fallen.“

Anna starrte auf den Bildschirm und Tränen sammelten sich in ihren Augen.

Emil. In Nahaufnahme. Anscheinend frisch gebadet. Hände, die seine zarte Haut eincremten. Emil strampelte und lachte zufrieden, er schien die Berührungen zu genießen.

„Ja, das gefällt dir kleiner Mann, stimmt‘s?“, gurrte Elodies Stimme, und wie zur Antwort lachte Emil erneut. „So, nun bekommst du eine frische Windel, dann ist aber Schlafenszeit.“

Der Bildschirm wurde dunkel.

„Nein!“, rief Anna außer sich. „Lass es mich noch mal sehen. Bitte!“ Sie versuchte, Kai das Handy zu entwinden.

Kai sprang auf und hielt das Telefon in die Luft. „Ich denke, das reicht für heute“, sagte er und schob es in die Hosentasche. „Wie du siehst, geht es Emil blendend. Und das wird auch so bleiben, wenn du morgen brav bist. Also kann ich mich auf dich verlassen? Keine Dummheiten, Mama?“

Anna nickte und sackte in sich zusammen. Sie fühlte sich wie ein Tier in einer ausweglosen Falle. Sie könnte tödlich sein, wenn sie einen Fehler beging.

Emil.

Unerreichbar.

Bargeld

Caroline Schwarz saß hinter der kugelsicheren Scheibe und starrte trübsinnig in den leeren Eingangsbereich der Stadtbank. Es war nicht viel los an diesem Nachmittag. Und zu allem Übel wollte es heute einfach nicht richtig hell werden. Nur gut, dass bereits in den Schaufenstern vieler Geschäfte Weihnachtsdekoration gegen den Novemberblues anblinkte und…

... echt jetzt? Es schneit!

Begeistert beobachtete sie die Flocken, die wie Wattebäusche durch die Straße vor der Bank wirbelten.

Ihr Blick fiel auf das dicke Kuvert, das ihr der Filialleiter vor seinem frühzeitigen Abschied in den Feierabend hingelegt hatte.

Vierzigtausend. In gemischten Scheinen.

„Frau Wagner wird es heute Nachmittag abholen“, hatte er gesagt.

Tja, wer hat, der hat. Zusammen mit dem Betrag, den sie sich vor zwei Tagen hatte auszahlen lassen, waren das schlappe Achtzigtausend.

Das war nichts gegen das, was auf den Konten der Familie Wagner lag. Caroline Schwarz hatte leer geschluckt, als sie vor drei Monaten in der Bank ihre Stelle angetreten und einen Blick darauf geworfen hatte. Doch solch hohe Bargeldbezüge kamen ihr dann doch seltsam vor.

„Es steht uns nicht zu, Fragen zu stellen“, hatte ihr Chef sie belehrt. „Und machen Sie sich keine Sorgen. Frau Wagner ist bestimmt keinem Betrüger aufgesessen, dazu ist sie viel zu gewieft. Und ein Erpresser würde wohl einiges mehr verlangen.“

Es sollte wahrscheinlich witzig klingen, doch Caroline würde sich auch in hundert Jahren nicht an seine einfältigen Sprüche gewöhnen.

Vor dem Eingang hielt ein großer SUV. Luxusklasse, chromglänzend. Ein junger Mann sprang aus dem Auto und eilte zur Fahrertür. Beflissen half er seiner Mutter beim Aussteigen.

Caroline fand den jungen Herrn Wagner weit mehr als nur sympathisch. Er hatte ein bezauberndes Lächeln, und wenn sie noch in seinem Alter gewesen wäre … Du liebe Zeit!

Die Mutter erinnerte Caroline an eine gewisse Modezarin, deren Name ihr einfach nicht einfallen wollte. Frau Wagner trug denselben, akkurat gestylten blonden Pagenschnitt und eine riesige dunkle Brille. Und noch immer eine Maske.

Kai Wagner hatte ihr beim letzten Besuch erklärt, dass sich seine Mutter einen schlimmen Virus eingefangen hatte, der ihr sogar auf die Augen geschlagen hatte. Wenigstens da ging es gerecht zu. Krankheiten scherten sich nicht darum, ob man arm oder stinkreich war.

Caroline setzte ihr schönstes Lächeln auf, als die beiden an den Schalter traten.

„Guten Tag, Frau Wagner", sagte sie. „Geht es Ihnen schon etwas besser? Was sagt denn der Arzt?"

Frau Wagner schüttelte den Kopf. „Leider immer noch nicht", krächzte sie angestrengt. „Ich muss wohl noch zwei, drei Wochen Geduld haben."

„Und regelmäßig die Augentropfen nehmen", sagte Kai und lächelte sie komplizenhaft an. „Sie müssen wissen, meine Mutter ist in dieser Beziehung etwas schlampig."

Caroline kicherte. Schlampig, was für ein Wort. „Aber sie hat glücklicherweise einen Sohn, der auf sie aufpasst", flötete sie.

Frau Wagners Hände krampften sich zusammen, und die schweren Ringe an den Fingern funkelten. Es war deutlich zu sehen, dass sie keinen Wert auf Smalltalk legte. Caroline griff hastig nach dem Kuvert.

„Möchten Sie, dass ich Ihnen den Betrag nochmals …“

Frau Wagner schüttelte den Kopf und griff nach dem Kugelschreiber, der an einer kleinen Kette befestigt vor dem Schalter lag. „Das ist nicht nötig.“

Caroline schob ihr den Beleg zur Unterschrift unter der Scheibe durch, und Frau Wagner unterzeichnete schwungvoll.

Dass ihre Hand dabei leicht zitterte, bekam Caroline nicht mit, denn Kai sah ihr tief in die Augen, als sie ihm das Kuvert durchschob.

Was für ein hübscher junger Mann!

Sie blickte ihnen etwas neidisch nach, als sie die Bank verließen. Noch ganze zwei Stunden musste sie hier sitzen bleiben und so tun, als könne sie sich nichts Schöneres vorstellen.

Vier Pfoten im Schnee

„Schnell, Tür zu!“, rief Maria, doch es war zu spät.

Der Dackel sauste wie eine Rakete zwischen Karls Beinen aus der Haustür und verschwand im Garten unter dem Gebüsch.

„Friedrich! Hierher!“, brüllte Karl und versuchte, keine der Einkaufstüten fallen zu lassen, die er auf den Händen gestapelt vor sich her balancierte.

Maria stand auf ihre Krücken gestützt im Flur und kicherte. „Spar dir deinen Atem“, sagte sie. „Du wirst ihn reintragen müssen. Das ist der erste Schnee, den er sieht. Zuerst hat er den Kopf eingezogen, weil er wohl dachte, da fliegen Steine vom Himmel. Doch jetzt kriegt er sich vor Begeisterung gar nicht mehr ein. Ich musste ihn mit Leberwurst bestechen, damit er wieder ins Haus kommt.“

Karl warf einen Blick über die Schulter und sah, wie sich Friedrich auf dem schneebedeckten Rasen auf den Rücken warf und vor Wonne mit den kurzen Beinen strampelte.

„Ich stell das nur kurz in die Küche, und dann hole ich ihn“, sagte Karl grinsend. „Wo ist denn das Lasso?“

So ein Ding hätte er tatsächlich gut gebrauchen können, als er kurz darauf vergeblich versuchte, den Hund einzufangen, der nicht im Traum daran dachte, zu gehorchen. Er flitzte davon und war plötzlich verschwunden.

„Friedrich?“ Karl beugte sich unter den Busch am Gartenzaun, unter den der Dackel gekrochen war. „Komm da … oh, nein!“

Unter dem Zaun klaffte ein Loch. Nun war klar, woher die Erde stammte, die Friedrich ständig an den Pfoten klebte, wenn er gnädigerweise doch wieder ins Haus kam. Er hatte offensichtlich gute Arbeit geleistet, denn jetzt war er verschwunden.

„Friedrich! Friedrich!“, rief Karl wütend und hörte ein aufgeregtes Bellen. Von drüben bei den Wagners. Von alleine würde er nicht zurückkommen, also marschierte Karl zurück ins Haus und holte die Leine.

„Soll ich gehen?“, fragte Maria, als sie sein zorniges Gesicht sah.

„Wie stellst du dir das vor? Du mit deinen Krücken! Siehst du nicht, wie viel Schnee schon liegen geblieben ist?“ Schimpfend vor sich hin grummelnd stapfte er davon und umrundete den Gartenzaun.

Vor der Auffahrt der Wagners blieb er stehen. In der Villa brannte nur im ersten Stock ein Licht.

Friedrich kläffte nun in einer Tonlage, die Karl noch nie von ihm gehört hatte.

Das kommt vom Schuppen, dachte er. *Was zum Kuckuck sucht er denn dort?*

Karl lief los. Es wurde schon wieder dunkel, doch er konnte die Abdrücke von Friedrichs Pfoten im Schnee deutlich sehen. Er war schnurstracks vom Zaun zum Schuppen gelaufen. Karl hatte den Hund fast erreicht, als er ein Motorengeräusch hörte. Er drehte sich um.

Ein großer SUV rollte auf das Haus zu, und Karl winkte betreten, als Frau Wagner und ihr Sohn ausstiegen. Seine Mutter hob halbherzig die Hand und verschwand im Haus, doch Kai kam auf ihn zu.

„Hallo, Kai“, sagte Karl etwas verlegen. „Erinnerst du dich noch nach all den Jahren an mich?“

„Natürlich, hallo, Herr Beck“, erwiderte Kai und streckte ihm die Hand hin. „Zurück von der Insel? Aber was machen Sie in unserem Garten?“

„Wir sind nicht alleine zurückgekommen. Im Gepäck haben wir ein unfolgsames, kleines Monster mitgebracht, das sich nun leider in eurem

Garten herumtreibt. Entschuldige, dass ich einfach so euer Grundstück betreten habe.“

„Kein Ding“, sagte Kai. „Fangen wir ihn wieder ein.“

Friedrich hatte aufgehört zu bellen, und als sie beim Schuppen ankamen, sahen sie auch, weshalb.

Der Hund scharrte wild hechelnd an der Holzwand. Er schien sich da ebenfalls durchgraben zu wollen.

„Was zum Teufel …“ Karl wollte ihn hochheben, doch Kai kam ihm zuvor und nahm Friedrich auf den Arm.

„Na du?“ Er strich ihm über den Kopf. „Du bist ein Jagdhund, aber glaub mir. Das hier ist kein Fuchsbau, also lass das.“ Mit aller Kraft drückte er die Fingernägel in eines der Schlappohren, und Friedrich jaulte auf.

„Oh, tut mir leid!“, rief Kai und legte Karl den zappelnden Hund in die Arme. „Ich wollte ihm nicht wehtun, ich glaube er hat da eine Verletzung.“

„Wahrscheinlich hat er sich die geholt, als er unter dem Drahtzaun durchgekrochen ist.“ Karl schüttelte den Kopf. „Dummer kleiner Kerl.“

„Also dann, ich muss jetzt rein“, sagte Kai.

„Ja, natürlich“, sagte Karl und musterte ihn. „Bitte richte deiner Mutter aus, dass wir euch alle gerne mal einladen würden. Es wäre schön, wenn wir uns nach all den Jahren treffen könnten. Es gibt bestimmt eine Menge zu erzählen. Und verzeih, aber ich muss das jetzt mal loswerden: Ich kann kaum fassen, was für ein prächtiger junger Mann du inzwischen geworden bist. Als wir dich und deine Schwester das letzte Mal gesehen haben, da …"

„Ja, das ist lange her", sagte Kai. „Ich richte es aus, aber ich muss jetzt wirklich."

Es klang nicht unfreundlich, trotzdem fühlte sich Karl wie ein unerwünschter Vertreter.

„Schön, dann bringe ich den kleinen Racker jetzt mal nach Hause. Und ich werde gleich morgen das Loch im Zaun reparieren."

„Ja, bitte, tun Sie das. Wir wollen doch alle nicht, dass sich der Hund wieder verletzt."

Damit drehte Kai sich um und ging. Seine Schuhsohlen hinterließen schwarze Abdrücke auf der Schneedecke, die schnell wieder unter den Flocken verschwanden.

Karl sah ihm nach. Eine jugendliche Gestalt mit eingezogenen Schultern, auf der eine Last zu liegen schien. Was war hier in all den Jahren geschehen?

Ein Junge in seinem Alter sollte nicht so ernst und abweisend sein, dachte er. So …

Kalt!

Ja genau, das war das richtige Wort.

Pizza für alle

Anna saß mit verkrampften Händen am Küchentisch, als Kai hereinkam und seine Jacke achtlos über eine Stuhllehne warf. Ihr Herz pochte immer noch. Die Frau am Schalter hatte keinen Verdacht geschöpft, sie hatten das Geld anstandslos bekommen. Doch es hatte keine Gelegenheit gegeben, etwas zu unternehmen, damit sie und Emil diesem Albtraum entrinnen konnten. Mit Mühe unterdrückte sie die Tränen.

„Das hast du gut gemacht, Mama“, sagte Kai und fischte sein Handy aus der Hosentasche.

Anna lächelte gequält. Vielleicht konnte sie ihn jetzt milde stimmen, vielleicht würde er ihr nun endlich gestatten, Emil zu sehen. In den Arm zu nehmen.

„Soll ich uns etwas kochen?“, fragte sie mit gespielter Fröhlichkeit.

„Brauchst du nicht, ich bestelle uns Pizza.“

„Dann decke ich den Tisch.“ Sie holte Gläser und Teller aus dem Küchenschrank, während er telefonierte.

„Ja, wie immer. Für meine Schwester die Vegetarische mit extra Zwiebeln.“

Anna betrachtete den Teller in ihren Händen. Schweres Steingut. Sie sah sich selbst, wie sie Kai damit auf den Kopf schlug. Das Blut, das über sein engelsgleiches Gesicht strömte, und wie er langsam vor ihren Füßen zusammensackte. Ihre Handflächen wurden feucht.

„Im Kühlschrank ist noch Salat, kannst du den bitte waschen?“ Kai riss sie aus ihren sinnlosen Gedanken.

„Ja, mach ich.“ Anna stellte den Teller ab und machte sich ans Werk. „Isst Elodie heute mit uns? Seit ich hier bin, haben wir noch nie zusammen … also ich meine …“

„Keine Ahnung“, erwiderte Kai. „Ich frag sie nachher.“

„Geht es ihr nicht gut?“ Anna stellte die Frage ganz beiläufig. So, als wäre das hier eine völlig normale Unterhaltung zwischen Mutter und Sohn.

„Sie ist einfach nur sehr müde in letzter Zeit und will ihre Ruhe haben.“

Lügner! dachte Anna aufgebracht und zerfetzte die Salatblätter im Waschbecken. *Sie ist nicht müde. Sie hat ein schlechtes Gewissen, sie kommt nicht damit klar, was du mir antust! Deshalb verkriecht sie sich wie ein geprügelter Hund!*

Anna biss die Zähne zusammen, um nicht die Beherrschung zu verlieren.

Emil! Ich muss an mein Kind denken!

Als es an der Tür läutete, drückte ihr Kai zu ihrer Überraschung ein paar Geldscheine in die Hand.

„Du gehst, ich will mit diesem Typen nicht reden“, sagte er. „Aber wage es nicht, die Tür aufzumachen. Mach keinen Fehler, und setz die Brille auf.“

Er folgte ihr auf den Fersen und stellte sich neben sie, als sie das vergitterte Fensterchen öffnete, das in der Eingangstür eingelassen war.

„Oh, guten Abend, Frau Wagner“, rief der junge Mann, der ganz und gar nicht wie ein Pizzabote aussah. Er musste etwa Mitte zwanzig sein und war sehr modisch gekleidet.

Er strahlte sie an, während er weiterredete. „Ich war zufällig im Geschäft meines Onkels und habe mitbekommen, dass für Elodie ihre Lieblingspizza bestellt wurde. Ist sie da?“

„Ja“, erwiderte Anna, und ein winziger Funken Hoffnung glomm in ihr auf.

„Kann ich sie sprechen?“, fragte er und reckte hoffnungsvoll den Hals.

Kai kniff sie in den Arm und schüttelte heftig den Kopf.

„Nein, tut mir leid“, sagte Anna. „Das passt gerade nicht.“

„Schade, ich habe sie so lange nicht mehr gesehen. Aber bitte richten Sie ihr aus, dass ich nicht aufgeben werde.“ Er lächelte verschmitzt und deutete auf die Pizzaschachteln. „Die werden kalt!“

„Stellen Sie sie vor der Tür ab. Ich möchte niemanden anstecken“, sagte Anna und hüstelte. Als sie ihm die Geldscheine durch das Gitter reichen wollte, machte er einen Schritt zurück und winkte lachend ab.

„Nein, das geht auf mich! Lassen Sie es sich schmecken, und vergessen Sie ja nicht, Elodie von mir zu grüßen.“

Er hatte schon fast seinen schnittigen, kleinen Sportwagen erreicht, als er sich erneut umdrehte.

„Von Aimal!“, rief er. „Liebste Grüße von Aimal!“

Als er verschwunden war, öffnete Kai die Tür und hob die Pizzaschachteln auf.

„Das war ein netter junger Mann“, sagte Anna und folgte ihm zurück in die Küche.

Kai antwortete nicht und öffnete die Deckel. Ein verführerischer Duft breitete sich aus. Auf der vegetarischen Pizza lag ein Kärtchen.

„Liebe Elodie.“ Mit versteinertem Gesicht las er murmelnd die Zeilen. „Ich werde nicht aufgeben. Niemals. Wenn es sein muss, werde ich von heute an jeden Abend vor deiner Tür stehen. So lange, bis du mit mir geredet hast. Ich werde mein Studium deinetwegen vernachlässigen, weil ich mir dauernd den Kopf zermartere. Ich muss wissen, was ich falsch gemacht habe, weshalb du mir seit Wochen aus dem Weg gehst. Ich flehe dich an! Ich kann dich nicht einfach vergessen. Falls du meine Nummer gelöscht hast, hier hast du sie wieder. Bitte, melde dich! A."

Kai legte den Zettel behutsam auf den Tisch. Sein Gesicht war kalkweiß, seine Hände ballten sich zu Fäusten.

„Ist alles in Ordnung?", fragte Anna nervös.

Kais Ausdruck ängstigte sie, sie versuchte, es zu überspielen und plapperte drauflos.

„Ich fand ihn eigentlich sehr sympathisch. Ist er ein Freund von Elodie? Vielleicht sollte sie wieder mal ausgehen, bestimmt würde es ihr guttun. Ich denke, junge Mädchen in ihrem Alter sollten …"

Kai blickte auf, und das Herz blieb ihr stehen. „Ja, Mama? Was denkst du, was sollten junge Mädchen?" Er kam auf sie zu, und Anna wich zurück.

„Ich… ich …", stammelte sie erschrocken.

Sie hatte einen schrecklichen Fehler begangen. In völliger Ahnungslosigkeit etwas gesagt, was sie bitter bereuen würde. Denn in seinen Augen funkelte der blanke Hass, und sie wich zurück, bis es nicht mehr ging. Das kalte Metall der Spüle drückte ihr in den Rücken.

Er packte ihren Hals und schüttelte sie so heftig, dass die Perücke verrutschte.

„Was bist du für eine Mutter!", brüllte er, und der Speichel flog ihm aus dem Mund. „Du mieses Stück! Reicht es nicht, dass man Elodie schon einmal Gewalt angetan hat? Und zwar einer deiner Scheißkerle, die sich in unserem Haus die Klinke in die Hand gegeben haben! Nein, das reicht dir anscheinend nicht! Du willst sie dem Nächsten zum Fraß vorwerfen! Einem Macho, der glaubt, dass er über sie verfügen kann, wie es ihm gefällt. Sie behandeln wie einen Gegenstand, den man irgendwann wegschmeißt, wenn man seinen Spaß gehabt hat! Du willst wohl, dass sie endgültig zerbricht!"

Anna versuchte verzweifelt mit beiden Händen, den Griff um ihren Hals zu lösen. Kai war einen Kopf größer und seine Finger wie aus Eisen. Sie strampelte und rang nach Luft.

Er bringt mich um! Er ist vollkommen von Sinnen!

Sie konnte ihn kaum noch verstehen, seine Stimme überschlug sich, und sein hübsches Gesicht war verzerrt vor Wut. Schwäche ließ ihre Arme schwer werden, und schwarze Fetzen tanzten in ihren Augen.

Ich werde sterben. Emil.

Kai rang nach Atem, und für einen Moment lockerte sich die Umklammerung.

„Ich … bin nicht … nicht deine Mutter.“ Die Worte kratzten wie Schmirgelpapier in ihrer Kehle. „Kai … ich bin Anna! Anna … hörst …“

Es klang wie ein leises Echo in einem endlosen Nichts, als sie das Bewusstsein verlor.

Eiskalte Nacht

Karl fühlte sich wie eingeschnürt in seiner dicken Steppjacke, als er sich mit dem Dackel auf die letzte Gassirunde machte. Er hatte sich sogar eine Mütze über die Ohren gezogen, etwas, das er seit Jahren nicht mehr getan hatte. Maria hatte darauf bestanden, als sie gesehen hatte, dass die Temperatur unter null gefallen war.

Mit Wehmut dachte Karl an die Insel. Normalerweise würden sie in dieser Jahreszeit bis spät in die Nacht in kurzen Hosen und Shirt auf ihrer Terrasse sitzen und leicht schadenfroh im Fernsehen die hiesigen Wetterkapriolen verfolgen. In den letzten Jahren war es anscheinend immer so gewesen, dass Ende November schon Schnee lag, der sich dann aber in der Adventszeit verkrümelte, und oft war es dann um Weihnachten viel zu warm.

Und nun hatte er selbst das zweifelhafte Vergnügen. Und dann noch diese klobigen Schuhe! Er konnte kaum laufen damit. Seine Füße waren an die luftige Freiheit von Sandalen gewöhnt.

Durch den unerwarteten Ruck an der Leine wäre er beinah ausgerutscht. Unter dem Schnee hatte sich Glätte gebildet.

Friedrich war hinter ihm stehen geblieben und hob das Bein am Zaun der Wagners. Es sah irgendwie nach Protest aus, denn da kam schon lange nichts mehr. Wie zur Bestätigung scharrte der Hund noch mit allen vier Pfoten, und Karl lachte. „Na? Bist du deinen Frust jetzt losgeworden?“

Der Dackel sah ihn vorwurfsvoll an, und Karl wollte gerade weiterreden, als er etwas hörte.

Nur leise, doch es klang beunruhigend.

Und es kam aus der Villa.

Karl konnte zwar kein Wort verstehen, doch irgendjemand brüllte und schrie dermaßen, dass sich die Stimme überschlug. Was ging da vor zwischen der Mutter und ihren Kindern? Es war ja nicht ungewöhnlich, dass sich Halbwüchsige und Eltern in die Haare gerieten. Aber das hier? Karl stand in der klirrenden Kälte und wusste nicht, was er tun sollte.

Nachschauen? Nachfragen? Schon wieder unaufgefordert das Grundstück betreten und sich gleich noch in Dinge einmischen, die ihn nichts angingen?

Er war erleichtert, als Ruhe einkehrte. *Vielleicht habe ich mal wieder zu viel Fantasie,* versuchte er sich zu beruhigen. *Was weiß ich denn überhaupt noch über die Familie nach all den Jahren.*

„Los, jetzt komm schon, du Hund. Wir müssen immer noch ein größeres Geschäft abschließen."

Friedrich warf noch einmal einen beleidigten Blick auf die Villa, bevor er mit erhobenem Schwanz weitertrottete.

„Du willst eine Mutter sein? Du bist ein eiskaltes, herzloses Stück Dreck. Du hast immer nur an dich gedacht."

Die Stimme kam von weit her, schwamm wie Treibholz im trüben Gewässer ihrer Gedanken, die sich nicht festhalten ließen. In völliger Verwirrung öffnete Anna die Augen. Sie konnte kaum etwas erkennen.

Eine Kerze stand vor ihr am Boden, und die zuckende Flamme ließ Schatten über Wände tanzen, die vollgehängt waren mit irgendwelchen Geräten. Rechen, Schaufeln, Gartenschläuche.

Wo bin ich? Was ist passiert?

Anna versuchte, den Schleier vor ihren Augen wegzublinzeln.

Kai stand neben ihr, nur mit einem dünnen Shirt und einer Trainingshose bekleidet. Der

Schweiß lief ihm übers Gesicht, und er starrte auf sie hinab. Doch er war nicht wirklich da. Mit leerem Blick redete er vor sich hin.

Anna versuchte, etwas zu erwidern. Sie konnte es nicht. In ihrem Mund, um den wohl ein Tuch gebunden war, steckte ein Stoffklumpen.

Panik durchflutete ihren Körper, und sie schrie. Heraus kam nur ein gedämpftes Wimmern. Als sie aufzustehen versuchte, schnitten Kabelbinder in ihr Fleisch, sie war auf einem Gartenstuhl festgebunden.

Entsetzt sah sie um sich.

Der Schuppen!

Kai hatte sie in den Schuppen gebracht. Die grausame Erkenntnis versetzte sie in Todesangst. Sie stöhnte, zerrte mit aller Kraft an den Fesseln. Vergeblich. Stumm, mit weit aufgerissenen Augen flehte sie Kai an, versuchte, ihn zu erreichen. Doch er stand nur da und redete wie mit sich selbst.

„Solche Mütter wie du sind schuld daran, dass Elodie versucht hat, sich umzubringen. Egoistische, kaltherzige Weiber, die nur an sich denken. Es geht immer nur um ihren eigenen Vorteil! Du hast wohl gehofft, wenn meine Schwester nicht da ist, hättest du eine bessere Chance, um abzuhauen! Gib es zu! Du hättest

Emil einfach im Stich gelassen. Darin seid ihr gut.“

Er sah sich um, sein Blick flackerte, und er rieb sich mit beiden Händen den Schädel, so, als hätte er unerträgliche Schmerzen.

Als er sie wieder ansah, hatte sich der Ausdruck seiner Augen verändert. Sein Gesicht spiegelte den Schmerz eines verletzten jungen Mannes.

„Du hast als Mutter versagt, du hast Elodie kaputtgemacht, nur um einen Skandal zu verhindern. Sie so lange malträtiert, bis sie gar nicht mehr anders konnte!“ Er spuckte ihr vor die Füße. „Wusstest du, dass es Zwillinge geworden wären? Vielleicht Bruder und Schwester, so wie Elodie und ich? Hast du dir vielleicht noch angesehen, was deine saubere Freundin aus ihr herausgekratzt hat? Du hast den Namen Mutter nicht verdient! Den Tod hast du verdient!“

Der plötzliche Schlag in ihr Gesicht war ein Schock, der sie zu sich brachte. Anna konnte wieder klar denken. Und musste erkennen, dass sie keine Chance hatte. Kai war verrückt. Er hielt sie tatsächlich für seine Mutter. In seinem Kopf hatte sich alles verschoben, die Grenzen verwischt. Selbst wenn er ihr den Knebel abnehmen würde, ihre Worte würden ihn nicht erreichen.

Emil! Oh Gott, Emil. Was wird er dir antun?

Sie weinte so sehr, dass ihr Körper durchgeschüttelt wurde und sie fast erstickte.

„Ja, heul nur, Mama“, fauchte Kai. „Ich lass dir jetzt Zeit, darüber nachzudenken, was du meiner Schwester angetan hast. Und noch etwas …“

Er ging in die Knie und hob ihr Kinn an. „Im Gegensatz zu dir habe ich Schuldgefühle. Ich hätte da sein sollen, um sie vor dir zu beschützen. Tief im Innern habe ich gespürt, dass sie etwas Schreckliches durchmacht, doch ich war ein Idiot! Ich hätte auf der Stelle nach Hause kommen sollen, als sie am Telefon auf einmal so verschlossen war. So gar nicht sie selbst! Meine Alarmglocken haben geläutet, doch auch ich war ein Egoist. Ja, das stimmt. Habe meine neuen Freunde dem einzigen Menschen vorgezogen, der mir wirklich etwas bedeutet. Ich dachte, meine Zeit in England ist sowieso bald vorüber, und sie wollte ja nicht …“ Seine Stimme wurde leiser. Die Wut in seinen Augen war verschwunden, und an ihre Stelle trat eine abgrundtiefe Traurigkeit.

„Doch jetzt bin ich da, und Elodie geht es jeden Tag besser. Von nun an …“ Kai beugte sich zu ihr und wischte Anna mit dem Daumen die Tränen von den Wangen. „Von nun an werde ich nicht mehr von ihrer Seite weichen. Ich werde auf sie aufpassen, das schwöre ich!“

Er streifte ihr die Perücke ab, die immer noch schief auf ihrem Kopf gesessen hatte.

Jetzt muss er doch erkennen, dass ich nicht seine Mutter bin, er muss wieder zu Verstand kommen! Anna rüttelte mit aller Kraft an dem Stuhl, um seine Aufmerksamkeit zu erregen.

Doch er hielt die Lehne fest. „Hör auf damit, sonst landest du auf dem Boden und tust dir noch weh."

Wahnsinnig! Lieber Gott, hilf mir!

Sie fühlte sich wie eine Ertrinkende.

„Ich lass dir die Kerze da. Gute Nacht, Mama."

Die Tür schloss sich hinter ihm, und Anna hörte, wie das Vorhängeschloss zuschnappte.

Einen Moment war sie völlig gelähmt, doch als sie merkte, dass sie viel zu hastig atmete und doch kaum noch Luft bekam, konzentrierte sie sich.

Ich muss mich beruhigen, dachte sie. *Ich muss stark bleiben und an Emil denken!*

Vielleicht gab es einen Weg. Elodie hatte doch bestimmt gehört, wie Kai sie in der Küche angebrüllt hatte. Sie musste das mitbekommen haben! Und jetzt Fragen stellen. Fragen, wo sie war. Das musste sie doch! Und Elodie war gewiss nicht so wie ihr Bruder. Sie war doch nur ein junges Mädchen und würde niemals zulassen, dass sie in diesem Schuppen starb.

Wirklich?

Doch was, wenn sie genauso wie Kai von Hass zerfressen war, nach allem, was man ihr anscheinend angetan hatte? Wenn es auch Elodie nur darum ging, an genügend Geld zu kommen, um abzuhauen?

Wir fangen gemeinsam ein neues Leben an. Meine Schwester und ich werden alle Brücken hinter uns einreißen.

Das hatte Kai ihr erklärt, während er beobachtet hatte, wie Anna die Unterschrift seiner Mutter übte. Dutzende Male, bis ihr das Handgelenk wehgetan hatte.

Elodie wird nicht nach mir suchen, dachte Anna und brach innerlich zusammen. *Sie ist ihrem Bruder hörig. Niemand wird nach mir und meinem Kind suchen.*

Der Gedanke war schlimmer als die bittere Kälte, die sich bis ins Mark fraß.

Anna war erst vor kurzem als frisch geschiedene, alleinerziehende Mutter in die Stadt gezogen. Hatte mit noch kaum jemandem Kontakt gehabt, sie war nur damit beschäftigt gewesen, für sich und Emil ein gemütliches Nest zu bauen. Ein neues Leben anzufangen.

Das in einem Schuppen enden würde.

Heiße Tränen flossen ihr über die Wangen, als sie an ihren Sohn dachte und daran, was aus ihm werden würde.

Es stimmt, ich bin eine schlechte Mutter. Wenn ich besser aufgepasst hätte, dann hätten sie mir meinen Sohn nicht stehlen können. Dann wäre das alles nicht passiert!

Nach einer Weile hatte sie sich wieder ein wenig gefasst und sah sich um. Ein Schuppen, wie es wohl unzählige gab. Vollgestellt, staubig und vergessen, bis wieder ein Frühling kam.

Anna hatte sich oft gefragt, was eigentlich aus der echten Vanessa Wagner geworden war.

Als ihr Blick auf ein unförmig gewölbtes Bündel fiel, eine grüne Plane, die wohl ursprünglich dazu gedacht war, einen Gartentisch zu schützen, wusste sie es.

Das Rendezvous

Aimal trat von einem Fuß auf den anderen und rieb die klammen Hände aneinander. Der Atem dampfte vor seinem Gesicht. Er hätte andere Schuhe und vielleicht auch Handschuhe anziehen sollen. Doch nachdem er Elodies Nachricht auf seinem Handy gelesen hatte, war er Hals über Kopf aus dem Haus gestürzt.

Endlich! Endlich wollte sie sich mit ihm treffen. Mit ihm reden. Er konnte sich noch immer keinen Grund denken, weshalb sie vor ein paar Wochen den Kontakt mit ihm so abrupt abgebrochen hatte. Aimal war sich sicher gewesen, dass auch Elodie sich verliebt hatte. An der Art, wie sie ihn angesehen hatte, sich beim Tanzen an ihn geschmiegt, er konnte sich doch nicht so getäuscht haben! Sie war ein paar Jahre jünger, aber das war doch wohl kein Thema. Er hatte sie nie bedrängt, sich stets zurückgehalten, es sollte von ihr kommen.

„Lass die Finger von ihr!“, hatte sein Onkel zu ihm gesagt und mit der mehlbestäubten Hand durch die Luft gewedelt. „Die ist nichts für dich. Die Tochter einer steinreichen, alteingesessenen Familie, quasi der Adel der Stadt, und dann kommt so einer wie du. Guck dich an! Uns! Immer noch Einwanderer, auch wenn wir jetzt schon über dreißig Jahre hier leben und du hier geboren bist. Nein, nein, such dir besser ein Mädchen, bei dem man die Scherereien nicht schon von Weitem kommen sieht.“

„Ich habe bald ein abgeschlossenes Studium in Informatik, also bin ich …“

Sein Onkel knallte ein Stück Teig auf den Tisch und drückte die Fäuste hinein. „Glaubst du wirklich, damit schindest du Eindruck bei denen? Stell dir doch nur mal eine Hochzeit vor. Elodie, schön wie ein vom Himmel gefallener Engel, ihre ganze noble Verwandtschaft, und dann tauchen wir auf!“

„Du darfst einfach nur nicht in deiner Schürze erscheinen, und so weit sind wir ja noch lange nicht!“ Aimal war etwas verärgert gewesen und auch ein wenig verunsichert.

Denn es stimmte, dass Welten zwischen den Familien lagen. Ach was, ganze Universen! Doch es war ihm ernst mit Elodie.

Sie sah wirklich aus wie ein vom Himmel gefallener Engel mit ihren blonden Locken. Doch das war es nicht, was sie für ihn so anziehend machte. Es war ihr Lächeln, ihre natürliche, frische Art. Wie sie die Leute ansah und stets nur das Gute erwartete. Wie sie sich wie ein Kind über

Kleinigkeiten freuen konnte und mit ihrem Lachen alle um sie ansteckte.

Er würde nicht lockerlassen. Es meinte es ernst mit dem, was er auf den Zettel geschrieben hatte. Und so, wie sie ihn kennengelernt hatte, musste sie das wissen.

Und nun stand er da. In der Kälte vor dem Club, wo sie sich das letzte Mal getroffen und getanzt hatten. Aimal blickte auf seine Uhr. Schon fast dreiundzwanzig Uhr, sie hätte längst da sein sollen. Hatte sie ihn doch versetzt? War wirklich endgültig Schluss?

Die Eingangstür schwang auf, und mit einem Schwall warmer Luft und lauten Musikfetzen, purzelten drei jungen Frauen ins Freie. Sie lachten und hielten sich aneinander fest, um auf ihren hohen Absätzen nicht auszurutschen.

„Mist! Seht euch das an! Wie soll ich denn jetzt mit *den* Schuhen nach Hause kommen? Ich bin doch kein Yeti!"

Das Gelächter wurde lauter. „Jetzt stell dich bloß nicht so an, wegen dem bisschen Schnee. Wir halten uns aneinander fest, dann geht das schon."

„Wenn ich hinfalle und mir was breche, dann seid ihr schuld, Mädels. Und ich verspreche euch, dann werdet ihr auch einen Gips brauchen, und ihr…"

Aimal sah ihnen nach, als sie untergehakt und kichernd davonstöckelten.

An einer Hausecke auf der anderen Straßenseite stand ein Mädchen. Eingehüllt in einen roten Steppmantel, die Mütze tief in die Stirn gezogen, hob es zögernd die Hand.

Elodie! Da ist sie ja endlich!

Aimal winkte aufgeregt, doch Elodie drehte sich um und verschwand in der schmalen Gasse zwischen den Häusern.

Was macht sie denn? Irritiert ließ Aimal die Hand sinken. *Weshalb kommt sie nicht her? Hat sie es sich anders überlegt?*

Er konnte nicht zulassen, dass sie jetzt einfach wieder ohne eine Erklärung aus seinem Leben verschwand. Aimal rannte über die Straße und geriet ins Rutschen. Er ruderte mit beiden Armen, um nicht das Gleichgewicht zu verlieren.

„Elodie! Elodie! Warte, lass uns reden!"

Sie stand neben einem Müllcontainer und hob abwehrend die Hände, als er auf sie zu gehen wollte.

„Ich will mich nicht mehr von einem Mann anfassen lassen", sagte sie mit rauer Stimme. „Komm nicht her." Es klang, als würde sie weinen.

Verdattert blieb er stehen. Ein fahler Lichtschein aus einem der Fenster über ihr schimmerte auf die Paillettensterne, mit der ihre Mütze bestickt war. Ihren Gesichtsausdruck konnte er in dem Zwielicht nicht deuten. Was war nur los mit ihr?

„Was ist passiert? Was habe ich falsch gemacht, bitte, jetzt sag es mir doch!“

Sie antwortete nicht, aber wenigstens lief sie nicht gleich wieder weg.

„Gut, wie du willst“, sagte er. „Ich werde dir nicht zu nahekommen. Das bin ich doch aber auch noch nie, oder? Ich meine, also, wenn wir uns geküsst haben, da wolltest du das doch auch?“

Elodie legte den Kopf schief, doch er wartete vergeblich auf eine Antwort.

„Elodie“, sagte er und legte bittend die Handflächen aneinander. „Elodie, ich habe mich in dich verliebt. Ich kann kaum mehr an etwas anderes denken als an dich. Ich will dich nicht bedrängen, glaub mir. Ich bin mir bewusst, wie jung du noch bist. Und ich bin schon ein etwas älterer Esel.“ Er lächelte schief. „Ich habe keine Ahnung, was los ist, aber du brauchst anscheinend Zeit. Und du musst mir auch nichts erklären, solange es nicht mich betrifft. Uns. Ich werde geduldig warten, auch wenn mir das schwerfällt, bis du so weit bist und wir wieder …“

Er verlor den Faden. Es brachte ihn völlig aus dem Konzept, dass sie einfach nur dastand. Still, wie eine Statue.

Er räusperte sich. „Gut, du musst jetzt gar nichts sagen. Aber schau von nun an jeden Abend aus deinem Fenster. Ich werde vor eurem Haus stehen und nach dir Ausschau halten, damit du siehst, wie ernst es mir ist. Ich kann nicht anders, Elodie. Ich vermisse dich so."

Sie breitete die Arme aus, und grenzenlose Freude durchströmte ihn, als er auf sie zuging.

„Elodie, meine Elodie", murmelte er und wollte sie umarmen.

Der Blick in ihr Gesicht war ein Schock.

Was…, was ist nur mit ihr passiert?

Sie warf sich ihm an die Brust, schlang die Arme um ihn, und ihre Finger nestelten an seinem Kragen.

Der Stich in seinen Hals war eine glühende Flamme, ein Feuer, das ihm den Atem nahm und den Blick trübte. Auf den Engel, der ihn nun freigab und ausdruckslos ansah.

Aimal wollte sich an den Hals fassen, den pulsierenden Schmerz aufhalten, doch seine Finger griffen ziellos ins Leere. Er taumelte, stürzte in das unberührte Weiß, und die Hauswände neigten sich hinab zu der Blutlache, die sich um seinen Kopf ausbreitete wie eine schwarze Pfütze.

Das Letzte, was er sah, waren diese strahlend blauen Augen.

Elodie. Warum ...

Elodie

„Du hast ja ganz kalte Hände“, murmelte Kai und zog seiner Schwester die Decke bis zum Kinn hoch.

„Ich werde Aimal nie mehr wiedersehen“, flüsterte Elodie und blickte traurig ins Leere.

„Sch, sch, schon gut. Alles gut, es musste sein. Er hätte dich nie in Ruhe gelassen“, sagte Kai. „Bleib einfach liegen und mach dir keine Sorgen. Dir wird nichts passieren, ich verspreche es.“

„Das möchte ich so gerne glauben, doch ich kann nicht.“

„Doch, du kannst“, rief Kai.

„Bevor das alles passiert ist, war ich wirklich verliebt in ihn.“

„Ich weiß.“

„Ach ja? Und woher? Spionierst du immer noch in meinem Tagebuch?“ Elodie sah ihn wütend an. „Wo ist es? Gib es mir endlich zurück!“

Kai schüttelte den Kopf und drückte sie wieder auf das Kissen. „Nein. Du redest ja nicht mit mir. Du hast die ganze Zeit geschwiegen. Mir alles verheimlicht. Ich kann immer noch nicht begreifen, weshalb du mir nicht vertraut hast.

Jedes Mal, wenn ich dich angerufen habe, bist du mir ausgewichen. Ich will doch nur verstehen, weshalb du es getan hast.“ Er raufte sich die Haare. „Ich hätte alles stehen und liegen gelassen und wäre sofort nach Hause gekommen!“

„Ich konnte doch nicht. Ich konnte es dir nicht erzählen! Ich bin in einem schwarzen Loch versunken und kam einfach nicht mehr raus. Glaub mir, ich habe es versucht. Niemand hätte verstehen können, wie ich mich gefühlt habe. Alle kamen mir vor wie Marionetten. Unecht, wie Avatare. Es war, als würde ich gar nicht mehr auf diese Welt gehören. Sie war plötzlich so schrecklich leer. Und ich habe mich selbst gehasst. Oh, wie ich mich gehasst habe! Ich konnte nicht mehr in den Spiegel sehen!“ Elodie weinte. „Ich wäre eine gute Mutter geworden und du der beste Onkel der Welt.“

Kai legte ihr die Hand auf die kalte Wange. „Denk nicht mehr daran, das ist vorbei. Niemand wird dir mehr wehtun.“

Emil begann in seinem Bettchen zu greinen, und Kai drehte sich nach ihm um.

Er hat Hunger, dachte er, *es ist Zeit für sein Fläschchen. Und seine Windel ist wohl auch schon wieder voll. Wie soll ich das alles nur schaffen?*

Er fühlte sich kraftlos und elend. Vor ihm lag wie ein riesiges Gebirge die Verantwortung und Last und drohte ihn zu erdrücken.

„Bleib einfach liegen und schau, dass du schnell gesund wirst", sagte er zu Elodie. „Ich kümmere mich um den Kleinen."

Er hob das schreiende Kind aus dem Bettchen und betrachtete es. Emils Wangen waren gerötet, sein zahnloser Mund stand weit offen. Ein winziger Schlund, doch Kai hatte das Gefühl, dass er ihn zu verschlingen drohte.

Um ihn in eine Dunkelheit zu zerren, aus der es kein Zurück mehr gab.

Brauchen wir ihn überhaupt noch?

Der Gedanke löste ihn aus seiner Erstarrung. *Nein, wir brauchen ihn nicht mehr. Denn seine Mutter hat ihn im Stich gelassen.*

Seine Zeit hier ist vorüber.

Still und kalt

Die Kerze war schon fast abgebrannt.

Anna zitterte am ganzen Körper.

Wie lange? Wie lange kann ein Mensch in so einer Kälte überleben?

Sie hatte keine Ahnung. Konnte auch nicht abschätzen, welche Temperatur im Schuppen herrschte. Vielleicht ein, zwei Grad mehr als draußen? Doch ganz bestimmt zu wenig, um die Nacht zu überstehen! Die Holzwände waren dünn, durch ein paar Ritzen konnte sie in der Ferne das Straßenlicht schimmern sehen.

Ihre Glieder waren taub geworden, sie spürte sie kaum noch, und eine unsagbare Müdigkeit lag auf ihr wie ein schwerer Mantel.

Sie kämpfte mit aller Kraft dagegen an. Bewegte ihre Muskeln, so gut es ging, mit dem winzigen Spielraum, den sie hatte. Und verdrängte mit aller Macht jedes Bild von Emil. Und die Tatsache, dass sie wohl bald in völliger Einsamkeit sterben würde.

Sie versuchte, mit ihren Gedanken die Holzwände zu durchdringen. Sie auszusenden an eine höhere Macht, damit ein Wunder geschah.

Und zu Elodie, die doch inzwischen bestimmt Hunger bekommen und die Pizza entdeckt hatte. Verstreut am Boden liegend nach dem Kampf mit Kai.

Doch vielleicht hatte er schon alles aufgeräumt und sauber gemacht. Elodie weisgemacht, dass er sie in ihrem Zimmer eingeschlossen hätte. Sie würde nicht nachsehen. Elodie hatte sich seit der ersten Nacht nicht mehr um sie gekümmert. Wieso sollte sie auch. Kai, er kontrollierte und bestimmte alles. Elodie versorgte nur das Baby.

Der Schmerz, den sie beim Gedanken an Emil empfand, war so gewaltig, dass sie auf der Stelle zu sterben glaubte. Sie würde es mit Freuden tun. Sterben. Wenn sie damit das Leben ihres Sohnes retten könnte, würde sie ihres opfern.

Einzig die Sorge um ihn hielt sie am Leben.

Müde, ich bin so schrecklich müde.

Das Kinn sank ihr auf die Brust, und ihre Augenlider flatterten.

Sie hörte ein leises Geräusch, ein Knistern. Als würde sich das Bündel in der Ecke regen.

Ja, Vanessa? Willst du mir etwas sagen?

Karl schoss in die Höhe und riss schlaftrunken die Augen auf. Ein unheilvolles Scheppern hatte ihn aus dem Tiefschlaf aufgeschreckt.

„Was war das?“, fragte Maria und stützte sich auf die Ellenbogen.

„Keine Ahnung“, flüsterte Karl und schaltete die Nachttischlampe ein. „Ich schau nach.“

„Nein, das machst du auf keinen Fall!“, zischte Maria. „Wenn das ein Einbrecher ist, vielleicht sogar mehrere!“

Es passte überhaupt nicht zur Situation, doch Karls Herz floss über vor Liebe, als er seine Frau ansah. Wie sie da im Bett lag, mit aufgestützten Armen und dem verrutschten Nachthemd. Die Augen vor Schreck geweitet, die braunen, mit grauen Strähnen durchzogenen Locken völlig verstrubbelt, noch immer die Frau, für die er sein Leben geben würde.

„Friedrich hätte bestimmt laut gebellt, wenn jemand eingebrochen…“, begann er, und da dämmerte es ihm.

Friedrich!

Der Hund lag weder in seinem Körbchen noch am Fußende bei Maria, wohin er jede Nacht krabbelte, sobald sie beide eingeschlafen waren.

Maria verdrehte die Augen und ließ sich zurück ins Kissen fallen. „Sei nicht zu streng mit ihm“, bat sie. „Er ist doch noch so jung und hat Flausen im Kopf.“

„Kommt ganz darauf an, was er jetzt schon wieder angestellt hat“, erwiderte Karl und angelte sich seine Pantoffeln.

Der Hund lag unter dem Salontisch, die Hinterbeine ausgestreckt wie ein Frosch und kaute genüsslich auf einem Nikolaus aus Plastik. Der hatte ursprünglich den künstlichen Adventskranz geschmückt, den Maria bereits heute aufgestellt hatte, weil sie unbedingt etwas Buntes im Wohnzimmer haben wollte.

Der Nikolaus hatte das Zeitliche gesegnet, genauso wie die Weihnachtskugeln, die wie zerbrochene Eierschalen auf dem Teppich lagen.

Friedrich klopfte mit dem Schwanz und sah ihn begeistert an, während er ein paar Plastikteile ausspuckte.

„Na? Schmeckt’s?“, fragte Karl und fühlte sich etwas überfordert. Er sollte jetzt böse sein, schimpfen, doch es sah einfach zu witzig aus, wie glücklich der kleine Kerl in dem ganzen Chaos lag.

„Das ist Pfui!“, sagte er streng, hob ihn hoch und entwand ihm den restlichen Nikolaus. „Sehr Pfui und streng verboten! Böser Hund!“

Friedrich hing wie ein Schal an seinem Arm und gab sich geschlagen. Das Wort Pfui hatte er schon öfters gehört, und es bedeutete nichts Gutes.

Karl löschte das Licht, und sein Blick fiel durch das bodentiefe Wohnzimmerfenster auf den Garten. Es hatte aufgehört zu schneien, unberührt lag die Schneedecke auf dem Rasen. Es war still. Fast bedrückend still, wie immer um diese nächtliche Zeit. Karl konnte sich mit dieser Ruhe nicht anfreunden. Er war an ständiges Meeresrauschen gewöhnt, an Wind, der manchmal an den Fensterläden rüttelte und das Mobile vor dem Haus zum Klingen brachte.

Bei den Wagners brannte noch immer Licht im ersten Stock. Irgendwer fand da keinen Schlaf.

Er fasste einen Entschluss und ging zurück ins Schlafzimmer.

„Was hat er erlegt?“, fragte Maria.

„Deinen Adventskranz“, erwiderte Karl und setzte Friedrich auf dem Bett ab, auf dem er ohnehin landen würde. „Ich räum die Trümmer morgen weg, jetzt wird geschlafen. Aber, was ich dich noch fragen wollte, was hältst du davon, wenn ich morgen die Wagners zu uns einlade? Ich meine, es wird doch langsam Zeit für einen Höflichkeitsbesuch, findest du nicht?“

„Ja, mach das. Ich könnte doch Kekse backen. Haben wir eigentlich Mehl, Nüsse und so im Haus?“, murmelte Maria schlaftrunken. Ihre Stimme verlor sich. „Sonst müsstest du vorher noch …“

Karl küsste ihre Stirn und löschte die Lampe. „Jetzt schlaf erst mal.“

Er verschränkte die Arme hinter dem Kopf und starrte an die Decke.

Heiße Schokolade? Kekse?

Er hatte das Gefühl, dass die Zwillinge wohl in dem Alter kaum noch…

Friedrich hob kurz den Kopf, als sein Herrchen laut zu schnarchen begann, und ließ ihn gleich wieder sinken.

Anscheinend war in seiner Welt alles in Ordnung.

Das Kindlein

Annas Lider flatterten.

Sie wusste nicht, ob sie wach war oder träumte. Diffuses Morgenlicht fiel durch die Ritzen ins Innere des Schuppens. Sie konnte kaum mehr schlucken, ihre Kehle war ausgetrocknet. Es war, als wäre der Klumpen in ihrem Mund gefroren, steinhart lag er auf ihrer Zunge.

Und sie schwitzte. Eine brennende Hitze trieb sie fast in den Wahnsinn, doch sie konnte sich nicht rühren. Sich nicht die Kleidung vom Leib reißen, ein Drang, der kaum zu unterdrücken war.

Ich sterbe, dachte sie im Bruchteil einer Sekunde, in der sie klar denken konnte.

„Ja, du stirbst."

Anna drehte den Kopf, und die Welt geriet ins Wanken. Die Gestalt, die aufrecht in der Ecke saß, um deren Schultern die grüne Plane wie ein Umhang lag, schaukelte vor ihrem Blickfeld auf und ab. Als befänden sie sich nicht in einem Schuppen, sondern auf hoher See. In einem Sturm, in dem sie untergehen würden.

„Jetzt dauert es nicht mehr lange. Und es tut auch nicht weh", sagte die Frau.

Ich halluziniere, dachte Anna.

Der vage Fetzen einer Erinnerung tauchte auf. Kältetod. Irgendwann hatte sie etwas darüber gelesen. Oder gehört? Dass man am Ende schwitzt, Halluzinationen hat und dann für immer einschläft.

Anna gab sich einen Ruck. Ihr Körper zeigte keine Reaktion. Sie hatte keine Kontrolle mehr über ihn.

Emil!

„Kai ist nicht böse. Er hat den Verstand verloren, doch er ist nicht herzlos."

Anna war sich bewusst, dass sie selbst es war, die durch die Frau sprach. Die ihre ganze Hoffnung in Worte fasste.

In der Ferne kläffte ein Hund.

Doch Anna konnte ihn nicht mehr hören.

Pfarrer Ehrmann betrat die Kirche durch eine kleine Pforte auf der Rückseite und ärgerte sich maßlos.

Über wen wusste er noch nicht, doch es konnte nur entweder der Chorleiter gewesen sein oder Frau Bachner, die gestern Abend die Tür nicht ordnungsgemäß abgesperrt hatten. Es war Chorprobe gewesen, und gleichzeitig hatte Frau

Bachner ihren Knirpsen erste Regieanweisungen für das Krippenspiel erteilt.

Vor dem Altar ging er in die Knie, bekreuzigte sich und sah sich um. Auf den ersten Blick schien alles in Ordnung zu sein und bereit für die Morgenandacht. Doch er wollte sichergehen und schritt langsam den Bankreihen entlang und spähte darunter.

Natürlich war das hier das Haus Gottes. Offen für alle seine Kinder. Trotzdem kam es nicht in Frage, dass erneut ein Obdachloser hier nächtigte und wieder mitten in der Predigt eine Bierdose scheppernd nach vorne rollte. So wie vor ein paar Wochen.

Doch es war niemand da, und außer einem, mit Spitze verzierten Taschentuch lag auch nichts herum. Als er es aufhob, musste er husten. Es klang fürchterlich laut und hallte in der leeren Kirche.

Er hatte sich erkältet. Ziemlich stark sogar, und während er sich gedankenverloren in das Taschentuch schnäuzte, das ihm nicht gehörte, machte er sich Sorgen. Ob er den Gottesdienst würde halten können, ohne seine Schäfchen anzubellen, und ob er mit seiner verstopften Nase überhaupt zu verstehen war. Er wollte sich gerade für einen kurzen Moment hinsetzen, als er etwas hörte.

Ein Glucksen.

War doch jemand da?

Das Morgenlicht, das durch die Buntglasfenster fiel, war schwach, und er sah sich mit zusammengekniffenen Augen um.

„Hallo?“, rief er mit belegter Stimme. „Wer ist denn da?“

Keine Antwort, und so dachte er, dass er sich wohl verhört hatte oder das Geräusch von draußen gekommen war. Er sah auf die Uhr, und da war es wieder.

Diesmal mehr ein Wimmern.

Was zum Kuckuck ist das? Und wo kommt es her?

„Hallo? Wo sind Sie? Kann ich Ihnen helfen?“

Als er erneut keine Antwort bekam, eilte er zu dem einzigen Ort, wo er noch nicht nachgeschaut hatte. Hinter dem Altar.

Doch auch da war niemand. Er stemmte die Hände in die Hüften. Spielten ihm etwa Kinder einen Streich? Aus den Augenwinkeln nahm er eine Bewegung wahr und fuhr herum.

Die Krippe mit den fast lebensgroßen Figuren stand noch genauso da, wie man sie aufgestellt hatte. Maria und Josef knieten vor …

Das Jesuskind!

Es lag auf dem Bauch auf dem Boden.

Also da hört sich doch alles auf, was …

Sein Atem stockte. Die Krippe war nicht leer. Eine andere Puppe lag darin. Puppe?

Sie bewegte sich!

Oh, nein, bitte nicht! Er rang die Hände und trat näher.

Das Baby sah ihn an. Dann verzog sich sein Gesichtchen, und es begann laut zu weinen.

Jesus und Maria!

Sarah

„Ich dich auch“, sagte Sarah und warf ihrem Mann rasch eine Kusshand zu, bevor das Bild auf dem Bildschirm des Tablets erlosch.

Sie seufzte tief und strich über die flaumigen Härchen ihrer Tochter, die auf ihrem Schoß herumzappelte.

„Ab jetzt kannst du deinen Papa für ein paar Tage nicht mehr so oft sehen“, sagte sie, und Leni blickte sie mit ihren runden Kulleraugen aufmerksam an. Natürlich konnte sie mit ihren fünf Monaten noch nicht verstehen, was ihr da gerade erzählt wurde. Doch das war für Sarah kein Grund, um nicht jedes kleinste Detail mit ihrer Tochter zu besprechen.

„Er verlässt heute die Stadt und fährt mit einem gaaaanz großen Jeep in die Wüste mit seinen waaahnsinnig wichtigen Geschäftspartnern. Ja, in die wüste Wüste. Und da gibt es jede Menge Sand und Kamele, aber nur Satellitentelefon. Und das funktioniert im Gegensatz zu den Kamelen manchmal nicht und deswegen kann Papa uns vielleicht nicht ständig anrufen.“

Leni sabberte verständnisvoll.

„Ach, meine Süße!“ Sarah knuddelte ihre Tochter und wischte ihr vorsichtig über das Mäulchen.

Einkaufen, dachte sie lustlos. *Wir müssen doch noch einkaufen gehen.*

Am liebsten wäre sie den ganzen Tag zu Hause geblieben. Draußen war es kalt, und der unverhoffte Schnee bedeckte die Gehsteige. Sarah wurde schon wieder müde, wenn sie nur daran dachte, wie umständlich es war, Leni und sich selbst in dicke Wintersachen zu verpacken. Seit der Geburt kämpfte sie mit einer bleischweren Müdigkeit und war ständig erschöpft. Dabei bekam sie an sich genug Schlaf. Ihr kleines Mädchen kam ganz nach ihr und benötigte selbst eine ausgiebige Nachtruhe.

„Wir haben das pflegeleichteste Baby, das man sich nur wünschen kann“, so hatte das Urteil des stolzen Vaters gelautet.

Sarah hatte dem Frieden nie recht getraut und in den ersten Nächten gefühlt wohl alle zehn Minuten nachgeschaut. Ob es Leni gut ging, ob sie tatsächlich noch atmete. Sie hatte sich fast verrückt gemacht mit ihren Ängsten.

Sarah war erst mit neununddreißig schwanger geworden. Eine späte Mutter. Doch es hatte ja erst mal den richtigen Mann dazu gebraucht. Den Gedanken, eine Familie zu haben, hatte Sarah nach ein paar gescheiterten Beziehungen schon aufgegeben. Nicht mehr daran geglaubt und eigentlich auch nichts vermisst. Sie hatte sich auf ihre Karriere konzentriert und sich bis an die Spitze eines Marketingunternehmens hochgearbeitet. Und jetzt das.

Eine Tochter und ein halbes Jahr Elternzeit.

Dumm nur, dass ihr Mann ausgerechnet jetzt im Ausland an einem großen Projekt arbeitete und sie sich häufig einsam fühlte. Ihre wenigen Freundinnen, allesamt berufstätig, interessierten sich nicht sonderlich für Babygeschichten und die Probleme einer Mutter und Hausfrau.

Vielleicht hatte die ständige Müdigkeit gar nichts mit der Schwangerschaft und Geburt zu tun. Vielleicht war es nur die Langeweile, die sie so träge machte.

Als Sarah bemerkte, dass sie schon wieder in Gedanken verloren einfach auf dem Sofa hockte, gab sie sich einen Ruck.

„Tochter! Wir gehen einkaufen!“, rief sie und trug Leni in das hübsch eingerichtete Kinderzimmer. „Aber wir müssen uns warm anziehen.“

Es schien ewig zu dauern, doch am Ende hatte sie Leni so gut eingepackt, dass sie wie ein rosa Würmchen im Kinderwagen lag.

„Und los geht es, meine Süße!“, rief Sarah, als sie den Wagen durch die Haustür bugsierte. „Was meinst du, darf ich mir heute wieder diese klebrige Kalorienbombe leisten? Du weißt schon, den Kaffee mit Karamell, Sahne und mindestens hundert Gramm Zucker?“

Leni fuchtelte mit den Ärmchen, und das konnte doch nur heißen: „Natürlich darfst du das.“

Sarah steuerte den Wagen Richtung Innenstadt, vorbei an geschäftig herumeilenden Menschen. Sie schienen alle ein Ziel zu haben.

Wir ja auch, dachte Sarah trotzig und etwas neidisch.

Daisys Coffeeshop, denn nur da gab es diese köstliche Sünde. Es war kurz vor zehn, und Sarah war überrascht über die vielen Leute, die vor der Tür Schlange standen.

Müssen die nicht ins Büro?

Sie überlegte kurz, ob sie verzichten und weitergehen sollte, doch jetzt waren sie schon mal hier, also stellte sie sich ans Ende der Reihe.

Um in den winzigen Shop zu gelangen, der kleiner war als ihr Wohnzimmer, musste sie vier Stufen überwinden. Mit dem Kinderwagen war das kaum zu schaffen, falls nicht jemand Mitleid bekam und ihr half. Doch es sah nicht danach aus. Alle starrten auf ihre Smartphones oder eilten achtlos an ihr vorbei.

Sarah stellte den Wagen so hin, dass sie ihn von drinnen sehen konnte.

„Mama ist gleich zurück", flüsterte sie.

Leni war eingeschlafen. Sarah zupfte kurz an der Decke und huschte in den Shop. Vor ihr warteten nur noch vier Kunden, es würde schnell gehen.

Doch es ging nicht schnell.

Sarah glaubte wahnsinnig zu werden, als ein junger Mann sich nicht entscheiden konnte und die zweite Bedienung einfach verschwand.

Aufs Klo? Ins Büro? In den Urlaub auf eine einsame Insel?

Sarah trat von einem Bein aufs andere und warf immer wieder einen nervösen Blick nach draußen. Der Kinderwagen stand da, und niemand beugte sich ins Innere und tätschelte mit seinen Wurstfingern Lenis Wangen. Sarah konnte das nicht ausstehen und nicht begreifen, wie manche einfach ungefragt fremde Kinder betatschten.

„Was möchtest du?", wurde sie endlich gefragt, und erleichtert gab sie ihre Bestellung auf.

Na also!

Mit dem dampfenden Becher in der Hand eilte sie nach draußen, wo es wieder zu schneien begann.

Na toll, dachte Sarah frustriert. *Jetzt darf ich auch noch die Plastikhaube über den Wagen basteln, und das mit nur einer Hand!*

Ihr Blick fiel ins Innere, und es war, als hätte jemand kochendes Wasser über sie geschüttet.

Leer! Leni war nicht mehr da!

Sarah blinzelte, versuchte, das Trugbild zu vertreiben, denn das konnte nicht wahr sein.

Durfte nicht sein!

Sie wollte laut schreien, doch aus ihrem Mund drang nur ein Wimmern. Der Becher fiel ihr aus der Hand, und der Kaffee spritzte über ihren teuren Lederstiefel. Sie nahm es nicht wahr und beugte sich keuchend in den Wagen.

Auf dem Kissen war noch der Abdruck von Lenis Kopf zu sehen. Als sie die Hand darauflegte, fühlte es sich noch warm am.

Am Fußende der Decke lag ein Zettel. Sarah nahm ihn und versuchte zu lesen, was darauf stand. Sie hatte Mühe, denn in ihren Augen sammelten sich Tränen. Es fühlte sich alles so unwirklich an, dass sie überzeugt war, zu träumen. Dass sie jeden Moment aufwachen würde, geweckt von Lenis glucksenden Lauten.

Ein junger Mann rempelte sie an, und sie blickte erschrocken auf.

Das war kein Traum! Bestürzt las sie die Zeilen auf dem karierten Notizzettel.

Bleiben Sie ganz ruhig. Machen Sie niemanden auf sich aufmerksam. Und keine Polizei, sonst sehen Sie Ihr Kind nie wieder! Doch wenn Sie jetzt vernünftig bleiben, wird ihm nichts geschehen. Gehen Sie nach Hause. Ich melde mich bei Ihnen. Gehen Sie!

Sarahs Hände zitterten, als sie den Zettel erneut las. Die krakeligen Buchstaben waren kaum zu entziffern.

Sie sahen ungesund aus!

Ihre Gedanken rasten, ihr Herz hämmerte in der Brust.

Was soll ich tun? Was soll ich nur tun? Oh Gott, Leni!

Der Impuls, laut zu schreien, um Hilfe zu rufen, ließ sich kaum unterdrücken. Doch was, wenn man sie beobachtete?

Hektisch sah sie sich um.

Das Leben in der Straße ging einfach weiter, als wäre nichts geschehen. Alles wirkte so unfassbar normal, dass Sarah beinahe überschnappte. Noch immer konnte ihr Verstand nicht akzeptieren, was geschehen war.

Sie klammerte sich an den Griff des Kinderwagens, ihre Knie wollten sie nicht mehr tragen. Schneeflocken verschmolzen mit den Tränen auf ihren Wangen. Wie aus einer anderen Wirklichkeit hörte sie eine Autotür zuschlagen, und ein junger Mann passierte sie auf dem Weg zum Eingang des Coffeeshops.

Vor den Stufen blickte er sie an und machte ein erschrockenes Gesicht.

„Alles in Ordnung? Geht es Ihnen gut?“, fragte er besorgt und machte zögernd einen Schritt auf sie zu.

„Ja.“ Sarahs Lippen fühlten sich taub an, und sie wedelte hilflos mit der Hand durch die Luft.

„Sind Sie sicher? Sie sind ja ganz blass, ist Ihnen schlecht? Kommen Sie, setzen Sie sich doch einen Moment auf die Treppe, bevor Sie noch umkippen.“

Er legte ihr den Arm um die Schulter und eine Hand auf den Griff des Kinderwagens. „Ich schieb ihn da … oh!“

Mit strahlend blauen Augen sah er sie überrascht an. „Wo ist denn das Kind? Ist es noch da drin?“ Er reckte den Hals und spähte durch das Fenster des Coffeeshops.

Das war der Moment, in dem die Welt um Sarah einstürzte. In tausend Scherben zerbrach. Hilflos begann sie zu schluchzen und klammerte sich an ihm fest.

„Leni … sie … ist weg! Oh Gott, bitte …“

„Wie? Weg?“, fragte der junge Mann verwirrt und musste sie festhalten, sonst wäre sie auf dem Gehsteig zusammengebrochen.

„Sie wurde entführt …, nein!“, rief sie, als er Anstalten machte, etwas zu sagen. „Nicht! Nichts anmerken lassen! Keine … keine Polizei.“

„Aber …“

Sie hielt ihm den Zettel hin und sah ihn flehend an. „Bringen Sie mich nach Hause, bitte. Und reden Sie mit niemandem, das müssen Sie mir versprechen. Ich muss tun, was die verlangen, ich darf Leni nicht in Gefahr bringen. Bitte!“

In ihrem Mund sammelte sich säuerlicher Speichel, und Sarah schluckte hektisch. Sie hatte das Gefühl, sich jeden Moment übergeben zu müssen. Das würde Aufmerksamkeit erregen, und dass sie hier mit dem Mann redete und sich an ihn klammerte, war schon zu viel.

Ein Fehler! Der womöglich von den Entführern beobachtet wurde!

„Ich kenne diese Schrift“, sagte der Fremde bestürzt, und Sarah blieb einen Moment das Herz stehen.

„Was? Was sagen Sie da?“

„Das ist die Schrift meiner Schwester, ganz sicher.“

„Aber … wie …“ Sarah glaubte endgültig den Verstand zu verlieren.

„Setzen Sie sich und warten Sie hier. Ich sehe nach.“

Er gab sie frei, und Sarah plumpste auf die Treppe vor dem Shop. Sie konnte noch immer nicht klar denken, als er wieder vor ihr stand.

Ein Muskel zuckte in seinem hübschen Gesicht, und er wirkte wie vom Blitz getroffen.

„Sie ist nicht mehr da“, sagte er und sah sich hilflos um.

„Wer? Wer ist nicht da?“

„Meine Schwester. Elodie. Sie wollte für uns Kaffee und Brötchen holen, und ich habe im Wagen auf dem Handy gedaddelt, während ich auf sie gewartet habe.“

„Aber weshalb sollte denn Ihre Schwester meine Leni entführen? Ich … ich …“

Der schmerzliche Ausdruck in seinen Augen ängstigte sie fast zu Tode. Die Vorstellung, dass Leni in die Hände einer Verrückten geraten war, die sie vielleicht nicht mehr hergeben wollte oder – noch schlimmer – ihr etwas antun könnte!

„Es ist nicht das erste Kind, das sie entführt hat“, sagte er und legte ihr die Hände auf die zitternden Fäuste. „Meine Schwester …“ Er schluckte schwer und sah sie um Verständnis heischend an. „Man hat Elodie dazu gezwungen, ihre Babys abzutreiben. Sie hat das nie überwunden, sie ist darüber krank geworden. Bitte, Sie müssen das verstehen, meine Schwester kann nichts dafür.“

Sarah schnappte nach Luft.

Verstehen? Was redete er da?

„Ich will meine Tochter zurück! Sofort!“, zischte sie. Am liebsten hätte sie auf ihn eingeprügelt. „Auf der Stelle, haben Sie verstanden?“ Außer sich nestelte sie in ihrer Manteltasche. „Ich rufe jetzt die Polizei.“

Er hob beschwichtigend die Hände. „Warten Sie! Bitte. Ich verstehe Ihre Wut. Was Elodie Ihnen angetan hat, ist unverzeihlich. Ich fahre Sie jetzt zu uns nach Hause, und ich verspreche Ihnen, dass Sie Ihr Baby unversehrt zurückbekommen. Danach können Sie meine Schwester anzeigen. Doch jetzt sollten wir nichts tun, was sie vielleicht aus der Fassung bringt. Ich weiß nicht, wie sie reagieren könnte … was sie tun wird, wenn plötzlich Polizisten auftauchten. Bitte, hören Sie auf mich.“

Er sah sie flehend an, und Sarah überlegte fieberhaft.

Sollte sie ihm glauben und tun, was er sagte? Es war vielleicht das Vernünftigste. Anscheinend ging es hier nicht um Erpressung oder gar Morddrohungen, sondern um eine Verzweiflungstat. Doch sobald sie Leni wohlbehalten wiederhatte, würde sie diese Frau anzeigen. Sie gehörte für immer weggesperrt! Sarah schob das Handy zurück in die Tasche.

„Also gut, gehen wir. Wo steht Ihr Wagen?“

„Da drüben.“ Er deutete auf einen protzigen SUV, und Sarah eilte darauf zu.

„Warten Sie!“, rief er und rüttelte am Gestell. „Wie klappt man diesen Kinderwagen zusammen?“

Sarah stand schon an der Beifahrertür. „Lassen Sie ihn stehen, los jetzt!“

Der Kinderwagen war ihr vollkommen gleichgültig, es gab überhaupt nichts mehr, was wichtig war, außer ihrer Tochter.

Die Türverrieglung öffnete sich, und Sarah stieg in den Wagen. Der Motor begann zu schnurren, noch bevor der Mann sich hingesetzt hatte, und aus den Lautsprechern dröhnte Musik. In einer anderen Situation hätte Sarah darüber gestaunt, mit welchen vollautomatischen Schikanen dieses Monster auf vier Rädern ausgestattet war, doch im Augenblick kam ihr alles unwirklich vor.

Wie gebannt starrte sie aus dem Fenster, es konnte ihr nicht schnell genug gehen. Sie kaute an den Fingernägeln, eine schlechte Angewohnheit, die sie sich eigentlich längst abgewöhnt hatte. Bei der zweiten roten Ampel biss sie sich so heftig in den Finger, dass er blutete.

„Wir sind gleich da“, rief der Mann ihr durch den Lärm zu. „Mein Name ist übrigens Kai. Und wie heißen Sie?“

„Sarah.“

Ob er sie überhaupt verstanden hatte? Weshalb machte er nicht endlich die grässliche Musik leiser? Nur ein flüchtiger Gedanke, denn sie konnte Leni weinen hören.

Ganz leise, in ihrem Kopf, der wie mit Watte gefüllt war.

Sarah knetete die Hände, als sie in eine Gegend abbogen, die ihr unbekannt war. Prächtige Häuser säumten die Straßen, mächtige, alte Bäume reckten die kahlen Äste in den Himmel, und dann tauchte ein Schild auf. Sackgasse.

Ganz am Ende steuerte Kai den Wagen eine langgezogene Auffahrt hinauf, und die Flocken, die nun immer dichter fielen, tanzten um eine eindrucksvolle Villa, die ihre besten Zeiten allerdings hinter sich zu haben schien.

„Hier?“, fragte Sarah und löste mit bebenden Händen den Sicherheitsgurt, als Kai nickte.

Ihr Körper fühlte sich an wie ein überspannter Bogen, als sie sich hinter ihm ins Haus drängte. Der Anblick der Eingangshalle, die überladen wirkte wie ein Antiquitätengeschäft, verschlug ihr die Sprache. Ihr Blick fiel auf ein gerahmtes Foto an der Wand.

Zwei Kinder, vielleicht im Alter von zwölf Jahren, lachten sie an. Zwei blonde Engel, Zwillinge mit verstrubbelten Locken, hielten eine Katze in die Kamera.

„Das sind Elodie und ich“, flüsterte Kai, als er ihren Blick bemerkte. Es klang sehr laut in der Stille.

Sarah öffnete den Mund, um nach Leni zu rufen, doch Kai legte sich den Finger auf die Lippen und schüttelte den Kopf.

„Elodie? Ich bin wieder da! Wo steckst du denn? Und wo sind meine Brötchen?“, rief er in einem Ton, als wäre nichts geschehen.

Nichts. Keine Antwort, und Sarah bereute es zutiefst, dass sie nicht gleich die Polizei gerufen hatte. Das Mädchen war ernsthaft psychisch krank. Hatte ein Trauma erlitten und würde Leni wohl nicht einfach so zurückgeben. Was, wenn …

„Sie ist bestimmt oben in ihrem Zimmer, komm“, sagte Kai.

Sarah tastete in ihrer Manteltasche nach dem Handy, während sie ihm in den ersten Stock folgte.

All diese Türen! Alles in dem Haus wirkte irgendwie unwirklich. Das Gefühl, in einem Traum gefangen zu sein, ließ sich nicht abschütteln.

Kai klopfte an eine Tür. „Elodie? Hallo, Schwesterherz, was soll das? Weshalb verkriechst du dich in deinem Zimmer?“

Er öffnete die Tür, sah hinein und drehte sich lächelnd nach Sarah um.

„Na bitte. Da ist deine Tochter.“

Sarah stürmte in das Zimmer und blieb wie angewurzelt stehen.

Es gehörte eindeutig einer jungen Frau. Verspielte, blumige Tapeten und eingerichtet in hellen, freundlichen Farben. Auf dem Bett verstreut lagen ein paar bunte Kleidungsstücke, als hätte sie sich gerade noch umgezogen. Ein kirschroter Pullover lag über einer Stuhllehne, und in der Luft hing der leichte Duft eines blumig frischen Parfüms.

Doch das Zimmer war leer.

Leni war nicht da.

Warum hat er gelogen?

Das war das Letzte, was Sarah noch denken konnte, als etwas auf ihren Hinterkopf krachte. Der abgewetzte Parkettboden sauste auf sie zu, im Fallen drehte sie sich und landete hart auf der Schulter. Von Ferne erklang ein melodiöses Glockenspiel.

Und dann war da nichts mehr.

Unerwünschter Besuch

„Jetzt geh schon“, sagte Maria und drückte ihm die hübsch verpackte Weinflasche und den Blumenstrauß in die Hände.

„Ich weiß nicht.“ Bei Tageslicht besehen fand Karl die Idee, die Wagners einzuladen, nicht mehr so gut. So, wie Kai reagiert hatte, als er ihn beim Schuppen erwischt hatte, war er wohl nicht sonderlich willkommen.

„Du meine Güte!“, rief Maria. „Seit wann bist du denn schüchtern?“

„Ich bin ganz und gar nicht schüchtern“, wehrte sich Karl. „Aber mal ehrlich. Ich vermute, dass bei denen gerade dicke Luft herrscht. Und wir hatten so lange keinen Kontakt mehr zur Familie. Ich bin mir überhaupt nicht mehr sicher, ob die sich wirklich darüber freuen, wenn wir zwei Alten uns jetzt aufdrängen.“

„Genau! Das ist es doch. So lange keinen Kontakt mehr, und mich würde wirklich interessieren, wie es ihnen geht. Und ergangen ist in all den Jahren! Außerdem handelt es sich ja nicht um einen Staatsbesuch, sondern um eine ganz ungezwungene Einladung zum Kaffee. Sie können doch nein sagen.“

Karl blähte schnuppernd die Nasenflügel. „Falls du zum Kaffee noch etwas anbieten möchtest, solltest du vielleicht mal in den Backofen schauen."

Maria riss die Augen auf. „Herrje, das riecht wirklich etwas angebrannt."

Grinsend beobachtete er, wie sie hektisch die Backofenklappe öffnete und den Dampf mit einem Küchentuch fortwedelte.

„Noch mal gut gegangen", seufzte sie. „Also los jetzt, ab mit dir."

Karl schob den Dackel, der erwartungsvoll mit dem Schwanz wedelte, mit dem Fuß von der Haustür weg. „Du wartest hier. Wie du siehst, habe ich die Hände voll."

Er konnte Friedrich leise jammern hören, als er den Zaun umrundete und die Einfahrt bei den Wagners hochlief.

Der protzige Wagen stand direkt vor der Haustür, also war wohl jemand zu Hause. Karl hatte sich nicht die Mühe gemacht, eine Jacke anzuziehen, und nun malten die Schneeflocken ein filigranes Muster auf seinen dunkelblauen Rollkragenpullover. Er räusperte sich und drückte mit dem Ellenbogen auf die Türklingel.

Er erinnerte sich gut an die Melodie des Glockenspiels, das nun zu hören war. Nicht, dass er früher hier oft geläutet hatte, aber dieser Klang war einmalig. Das pure Gegenteil von dem Geschepper, was man zu hören bekam, wenn man an ihrer Türe schellte.

Verflixt, ich hätte eine Jacke anziehen sollen, dachte Karl und trat von einem Bein auf das andere. Er hatte mit Maria noch nicht darüber geredet, doch längst reifte sein Entschluss, auf die Insel zurückzukehren. Raus aus dieser feuchten Kälte. Sobald die Ärzte ihm versichern konnten, dass bei Maria alles gut verheilt war, wollte er zurück.

Karl vernahm ein Rumpeln im Innern des Hauses, stellte sich in Position und verzog erwartungsvoll den Mund zu einem Lächeln.

Doch nichts geschah.

Haben sie die Klingel nicht gehört?

Er beugte sich vor und drückte wieder mit dem Ellenbogen auf den Knopf. Diesmal zweimal, und man hätte fast Konzertkarten verkaufen können, so lange dauerte es, bis die Melodie verklungen war.

Er wollte sich umdrehen und gehen, als die Tür einen Spalt geöffnet wurde.

Kai stand dahinter und blickte ihn wortlos an.

Karl geriet bei seinem Anblick aus dem Konzept.

Was ist los mit ihm, dachte er erschrocken.

Ist er krank, steht er unter Drogen?

Der junge Mann kam ihm vor wie einer der schwerkranken Patienten, die ihm über den Weg gelaufen waren, als er Maria nach ihrer OP in der Klinik besucht hatte.

Totenbleich, mit schwarzen Ringen unter den Augen und Schweißperlen auf der Stirn.

„Junge, geht es dir gut?“, fragte er bestürzt.

Kais Augen verdunkelten sich. „Ja, klar. Was ist los? Ist Ihnen wieder der Hund entwischt?“

Er machte keinerlei Anstalten, die Tür weiter zu öffnen, und Karl wünschte sich, er hätte sich nicht von Maria überreden lassen. Eine unmögliche Situation war das!

„Nein, nein“, versicherte er und fuchtelte mit dem Blumenstrauß. „Friedrich sitzt hinter Schloss und Riegel. Ich wollte euch alle …“ Er hielt Kai die Blumen und die Weinflasche hin. „Also wir, Maria und ich, wollten euch gerne zum Kaffee bei uns drüben einladen. Maria hat extra gebacken. Wir würden uns sehr freuen, deine Mutter mal wiederzusehen. Mein Gott, ist das lange her, seit …“

Er kam sich immer dümmer vor, die Worte gingen ihm aus, denn Kai machte immer noch keine Anstalten, vor die Tür zu treten.

„Aber ich kann verstehen, wenn ich ungelegen komme“, sagte Karl hastig. „Vielleicht nimmst du mir wenigstens die Flasche und die Blumen ab.

Sag deiner Mutter einfach einen schönen Gruß.“ Karl konnte selbst hören, wie verärgert das klang.

Kai erwachte aus seiner Erstarrung, machte einen Schritt auf ihn zu und nahm ihm die Geschenke ab.

„Bitte entschuldigen Sie“, sagte er. Der Schweiß perlte auf seiner Stirn. „Es ist nur so, meine Mutter ist schon lange krank. Ein Virus. Sie hat zwar kein Fieber mehr, doch sie ist immer noch sehr müde und muss die meiste Zeit im Bett bleiben. Leider hat sie jetzt auch noch meine Schwester angesteckt, und ich befürchte …“, er wischte sich mit dem Unterarm übers Gesicht, „… ich fühle mich gerade auch ziemlich mies.“

„Oh! Das tut mir wirklich leid“, rief Karl. „Dann verschieben wir das auf ein andermal. So schnell reisen wir nicht wieder ab. Richte bitte meine Grüße und Genesungswünsche aus.“

„Wird gemacht“, sagte Kai lustlos.

„Also dann, alles Gute. Soll ich euch vielleicht ein paar von Marias Keksen vor die …“

Weiter kam Karl nicht, die Tür flog mit einem Knall ins Schloss, und er stand da wie einer der Zeugen Jehovas.

Auch wenn du krank bist, mein Junge, ärgerte er sich, so benimmt man sich nicht. *Das ist unhöflich!*

Er drehte sich um, und sein Blick schweifte über den Garten. Offenbar hatte sich länger niemand mehr darum gekümmert. Vielleicht aber war genau dies der Grund, weshalb von ihm so ein morbider Charme ausging. Vielleicht lag es auch am Schnee, der wie Schminke alles aufgehübscht hatte.

Karl schob die Hände in die Hosentaschen und machte sich auf den Rückweg. Ein paar Meter von der Auffahrt entfernt, stand der Schuppen, der diese magische Anziehungskraft auf Friedrich ausübte. Die Holzwände waren verwittert, das Wellblechdach hing ein wenig schief. Das ganze Konstrukt schien sich etwas zur Seite zu neigen. Ein uraltes, morsches Ding, das nun auch seine Neugierde weckte.

Karl schielte über die Schulter. Es war niemand zu sehen.

Soll ich? Aber was, wenn mich doch jemand beobachtet, wie ich hier rumschleiche? Wie peinlich wäre das!

Im letzten Moment schlug er einen Haken und eilte über den Rasen zum Schuppen.

Ich kann ja immer noch behaupten, dass ich auf der Suche nach Friedrich bin.

Er ging zur Rückseite, damit man ihn vom Haus aus nicht sehen konnte. Etwas verlegen über seine Dreistigkeit, spähte er durch die Lücke zweier Holzlatten. Aber alles, was er sehen konnte, waren ein paar Werkzeuge, die an der Wand hingen, den Zipfel einer grünen Plane, die auf dem Boden lag, und die Spitze eines flauschigen Pantoffels, den wohl die Hausherrin oder Elodie hier liegen gelassen hatten.

Also nichts, was einen Hund dazu veranlassen könnte, hier unbedingt eindringen zu wollen.

Mäuse, dachte er und kam sich ziemlich dumm vor. *Bestimmt gibt es hier Mäuse und Friedrich ist ja schließlich ein Jagdhund.*

Im Laufschritt eilte er zurück nach Hause.

Kai stand hinter dem Vorhang, und erst, als er Karl endlich verschwinden sah, konnte er wieder normal atmen.

Dieser verdammte, alte Knacker! Er ballte die Fäuste. *Dieser verfluchte Schnüffler!*

Hinter ihm stöhnte die Frau, und Kai drehte sich nach ihr um. Es war ihm nicht viel Zeit geblieben, um sie zu fesseln und ihr einen Knebel in dem Mund zu stopfen, als der Alte Sturm geläutet hatte. Glücklicherweise war sie noch nicht zu sich gekommen.

Ihr Name war Sarah.

Mama.

Er überprüfte die Vorhangschnüre, die er straff um ihre Hände und Beine geknüpft hatte. Alles in Ordnung. So konnte er sie zurücklassen, während er sich um das Baby kümmerte.

Und das war höchste Zeit. Die neugierigen Alten nebenan könnten es mitbekommen, wenn es zu schreien begann. Und sich wundern. Wieder anfangen zu schnüffeln.

Kai hatte im Auto gehört, wie das Baby losgebrüllt hatte, und einen Moment befürchtet, dass nun alles vorbei wäre.

Doch Sarah, *Mama!,* hatte dank der lauten Musik nichts gehört. Paralysiert vor Angst, hatte sie nichts mehr wahrgenommen. Dabei hätte sie die Nähe ihres Kindes spüren müssen!

Auch eine schlechte Mutter. So wie alle.

Kai eilte die Stufen nach unten, öffnete die Haustür und sah sich um. Alles gut.

Er ging zum Auto, drückte in seiner Hosentasche auf die Fernbedienung, und die Heckklappe öffnete sich mit einem leisen Surren.

Das Baby schlief. Es lag ganz hinten im Kofferraum, das Gesichtchen war rot und verweint. Das Polster, das er hastig und notdürftig aus zwei Wolldecken zurechtgelegt hatte, war während der Fahrt verrutscht.

„Hast du dir wehgetan?“, fragte er und beugte sich tief ins Innere.

Doch es sah nicht so aus. Das Baby war von Kopf bis Fuß so dick eingepackt, dass ihm nichts passiert war.

Er blickte sich noch einmal um, dann nahm er das Kind in die Arme.

„So, kleine Leni. Jetzt geht es ab ins Bettchen. Wir kümmern uns jetzt um dich. Elodie und ich. Wir kümmern uns."

Elodie

„Schau, das ist Leni“, sagte Kai und wiegte das Baby in den Armen, das schlaftrunken blinzelte.

Elodie starrte blicklos an ihm vorbei. „Hör auf damit!“

„Nur noch ein Mal, dann haben wir fürs Erste genug Geld“, erwiderte Kai und legte das Kind in das Bettchen.

„Es ist vorbei.“

„Nein!“ Kai fuhr herum und blickte seine Schwester zornig an. „Es ist nicht vorbei. Ich schaffe das.“

„Schau uns doch an, Kai. Sieh dir an, was aus uns geworden ist.“

„Hör auf damit, hör auf, so zu reden!“ Kai geriet außer sich. „Wir halten uns an den Plan. Wir fahren nach Schweden, dort wird niemand nach uns suchen. Kein Mensch weiß etwas von dem Häuschen. Es war purer Zufall, dass wir überhaupt davon erfahren haben, als Tilda gestorben ist.“ Er kicherte. „Erinnerst du dich noch an das Chaos, als plötzlich die ganzen Kisten mit Tildas Habe vor unserer Tür standen, Mom ist komplett durchgedreht.“

„Ja, sicher erinnere ich mich“, erwiderte Elodie. „Sie wollte alles ungeöffnet entsorgen lassen, aber dann war sie doch neugierig.“

Kai grinste. „Sie hatte Angst, dass ihr etwas Wertvolles entgehen könnte. Und es war doch nur alter Plunder, und das Haus hat sie nicht interessiert. Eine alte Hütte irgendwo auf einer der winzigen, gottverlassenen Inseln, was zum Teufel soll ich denn damit, hat sie gezetert. Typisch ... Aber wir können da neu beginnen.“

„Weißt du überhaupt noch, wie die Insel heißt? Wo sie liegt?“

„Ja, klar doch. Nur aussprechen kann ich den Namen nicht. Aber wir lernen das schon. Wir lernen die Sprache, und später, wenn über alles Gras gewachsen ist, suche ich mir Arbeit. Ich werde für uns sorgen.“

Elodie schwieg, und Kai stand einfach nur da. Er fühlte sich so müde und erschöpft, dass er das Gefühl hatte, für den Rest seines Lebens in Tiefschlaf zu fallen, wenn er sich jetzt neben Elodie hinlegen würde.

Leni begann leise zu weinen.

„Lass sie gehen“, sagte Elodie. „Lass mich gehen.“

Kai strich seiner Schwester über die Wange und schüttelte heftig den Kopf. „Nein. Niemals. Ich schaffe das, lass mich einfach machen, und versuch zu schlafen. Du bist krank, also bleib liegen, ich komme bald wieder."

„Und das Baby?"

Kai durchwühlte die Schubladen. Es war kaum mehr etwas da. Windeln, Babymilch und was noch? Was brauchte Leni? Wie alt war sie eigentlich?

Er würde Mama danach fragen müssen, was er einkaufen sollte. Denn Mütter sollten wissen, was ihre Kinder brauchen, oder nicht?

Doch nun musste er dafür sorgen, dass Leni erst einmal schlief. Damit Elodie in Ruhe schlafen konnte.

Er mischte in einem Becher zwei Tropfen eines Schlafmittels in etwas Wasser und träufelte sie mit einer Pipette in Lenis Mund.

Das Baby verzog das Gesicht.

„Bitter?", fragte Kai und deckte Leni zu. „Das ist gleich vorbei. Gleich wirst du gut schlafen, Prinzessin."

Er starrte auf das Muster der Decke. Kleine Pinguine und Eisbären. Einst hatte die Decke ihm und Elodie gehört. Sie hatten sie geliebt. Ständig mit sich herumgeschleppt und sich manchmal darunter versteckt, wenn es etwas Wichtiges zu besprechen gab. In der Geheimsprache, die nur sie beide verstehen konnten und mit der sie ihre Mutter oft in den Wahnsinn getrieben hatten. Erst als sie in den Kindergarten kamen und sich immer mehr für ihre Umwelt zu interessieren begannen, verlor die Sprache an Bedeutung. Bis nur noch einzelne Worte übrig blieben, die irgendwann ganz vergessen gingen.

Das war so lange her. In einem anderen Leben. Doch es gab viele Leben. Sie würden ein neues beginnen. Er musste sich jetzt nur zusammennehmen und alles richtig machen.

Dann konnten sie gehen.

Er zog sein Handy aus der Tasche und machte ein Foto von Leni, die eingeschlafen war und sich nicht mehr regte. Einen schrecklichen Moment packte ihn eine Panik wie ein Ungeheuer aus dem Hinterhalt.

Sie atmet nicht mehr! Habe ich sie umgebracht?

Doch dann konnte er sehen, wie sich der kleine Brustkorb leicht hob und senkte.

Er wankte davon und schloss mit bebenden Händen die Tür hinter sich.

Die Neue

Sarah kam langsam zu sich. Mit schmerzverzerrtem Gesicht betastete sie ihren Hinterkopf und starrte ungläubig auf das Blut auf ihren Fingerspitzen. Verwirrt blickte sie sich um, und als sie Kai entdeckte, der auf einem Stuhl saß und sie beobachtete, richtete sie sich mit einem Ruck auf.

„Was soll das?“, rief sie, und die Angst stand ihr ins Gesicht geschrieben. „Warum hast du das getan, und wo ist Leni?“

Kai beugte sich vor. „Leni geht es gut. Und das wird auch so bleiben, wenn du genau das tust, was ich dir sage.“

„Ich will wissen, wo meine Tochter ist!“ Sarah rutschte vom Bett, doch als sie versuchte aufzustehen, gaben ihre Beine nach, und sie fiel auf die Knie.

„Komm“, sagte Kai und packte ihren Arm. „Setz dich dahin und bleib vernünftig.“

Er führte sie zu einem zierlichen Schreibtisch, auf dem ein Stapel weißer Blätter und eine Schere lagen. Das pompös eingerichtete Schlafzimmer drehte sich wie ein Karussell, und Sarah plumpste auf den Stuhl.

„Als Erstes müssen wir dir die Haare schneiden“, sagte Kai in einem Plauderton, als unterhielten sie sich wie gute Freunde. „Das ist wichtig, damit die Perücke gut sitzt.“

Alles schien sich in Zeitlupe abzuspielen. Seine Hand, die nach der Schere griff, braune Haarsträhnen, die über Sarahs Schultern zu Boden fielen, und dann wurde ihr eine Perücke über den Kopf gestülpt. Er drehte sie zu sich und musterte sie kritisch.

„Es könnte besser sein, aber mit der Brille wird es gehen. Und wir fahren diesmal zur Stadtsparkasse, da kennt man dich nicht persönlich.“

Sarah hob kraftlos die Hand, um sich die Perücke vom Kopf zu ziehen, doch sie schaffte es nicht. Ihr war sterbensübel.

Ich habe eine Gehirnerschütterung, dachte sie bestürzt. Sie beugte sich vor, stützte sich auf die Knie und schloss die Augen, um das unerträgliche Schwindelgefühl aufzuhalten.

„Was wollt ihr von mir?“, keuchte sie. „Was habe ich euch getan?“

„Gar nichts. Du musst nur für ein, zwei Tage eine Rolle spielen, dann kannst du gehen.“

„Rolle? Welche Rolle?“

„Mama. Du bist jetzt unsere Mama.“

Sarah richtete sich auf und starrte ihn entgeistert an.

Sollte sie ihm an den Kopf werfen, dass er vollkommen verrückt war? Denn das musste er sein. Ein Wahnsinniger in der Gestalt eines hübschen jungen Mannes, der sie freundlich anlächelte. Dem kein Mensch etwas Böses zutrauen würde.

Aus den Augenwinkeln bemerkte sie die Schere, die wieder auf dem Pult lag. Sollte sie danach greifen? Könnte sie es schaffen, damit auf ihn loszugehen? Und würde sie es überhaupt über sich bringen, auf einen Menschen einzustechen?

„Sei brav und mach keine Dummheiten." Kais Stimme klang kalt. „Deine Tochter würde dafür büßen."

Sarah begann zu schluchzen. „Wo ist Leni? Bitte, gebt sie mir wieder."

„Es geht ihr gut. Elodie kümmert sich um sie. Siehst du?" Er hielt ihr ein Handy vor die Nase. „Sie schläft."

Leni lag in einem Kinderbettchen, zugedeckt mit einer fröhlich gemusterten Decke. Ihre kleinen Fäuste ruhten neben ihrem Kopf, ihr Mund stand ein wenig offen, und sie schien friedlich zu schlafen.

Sarah wollte ihm das Telefon entreißen, doch Kai trat einen Schritt zurück und schüttelte den Kopf.

„Das reicht für den Moment. Jetzt hör mir genau zu, dann bekommst du deine Tochter schnell zurück."

Sarah gab jeden Widerstand auf. Leni war irgendwo im Haus. Doch im Moment konnte sie nichts unternehmen. Nur hoffen, dass Kais Schwester ihrem Kind nichts antat, bis sie einen Weg fand, mit Leni zu entkommen.

„Was soll ich machen?", fragte sie kraftlos.

„Hier, du wirst diese Unterschrift üben, bis du sie im Schlaf kannst." Kai legte ihr ein Blatt hin. Ein Bankbeleg über den Bezug einer größeren Summe Bargeld.

Die Unterschrift war verschnörkelt und geschwungen. V… irgendwas, Wagner.

„Vanessa, Vanessa Wagner", sagte Kai. „Das ist dein Name. Wir werden dich noch etwas besser zurechtmachen und dir genau erklären, wie du dich zu verhalten hast."

Geld.

Es geht immer nur um Geld, dachte Sarah und spürte eine Eiseskälte in sich aufsteigen.

Sie sollte also die Rolle der Mutter spielen. Warum? Wo war sie? Was hatten die beiden mit ihr gemacht?

Ihr Kopf schmerzte unerträglich. Sarah konnte nur undeutlich sehen, nichts mehr schien einen festen Platz zu haben. Sie versuchte tief zu atmen und sich zu beruhigen. Auf keinen Fall würde sie sich wie ein Lamm in ihr Schicksal ergeben.

„Wie alt ist deine Tochter eigentlich?“, fragte Kai.

„Fünf Monate, und wenn ihr ihr etwas antut, ich schwöre bei allem, was mir heilig ist, ich bringe euch …“

„Jetzt werd nicht gleich hysterisch.“ Kai schüttelte den Kopf.

Die Situation erschien Sarah immer bizarrer. Man hatte sie niedergeschlagen, sie saß mit einer Gehirnerschütterung in einem fremden Schlafzimmer, nachdem man am helllichten Tag ihr Kind entführt hatte, und dieser … dieser Geisteskranke redete, als handele es sich um irgendeine Lappalie!

Der Gedanke kam ganz plötzlich. „Ich muss sie stillen“, platzte es aus ihr heraus. Eine Lüge, doch eine Chance, Leni in die Arme zu bekommen. Und sie würde sie nicht mehr loslassen!

„Tut mir leid, Mama, aber das geht nicht.“

„Wollt ihr sie verhungern lassen?“, schrie Sarah.

Kai seufzte. „Natürlich nicht. Sie bekommt schon ihre Milch, wenn auch nicht deine. Leni bekommt alles, was sie braucht."

„Sie ist das nicht gewohnt, sie wird Bauchkrämpfe bekommen, sie wird …"

„Schluss damit!", fauchte Kai und sah sie drohend an. „Du wirst jetzt dein Maul halten. Du hältst dich an die Regeln. Und die Regeln lauten: Du übst die Unterschrift. Du behältst die Perücke an und gehst nicht ans Fenster. Solltest du auf die Idee kommen, es zu öffnen und um Hilfe zu schreien, dann denk daran, wir können dich hören. Und dann kannst du deine Tochter schreien hören. Leni wird leiden, glaub mir, sie wird sehr leiden müssen, falls du Dummheiten machst!"

Seine Augen funkelten, als er sich nah zu ihr beugte. Seine Haut war so makellos wie die eines Engels, und doch war er der Teufel. „Hast du verstanden?"

Sarah nickte stumm.

„Was?", fragte er und packte ihr Kinn. „Ich kann dich nicht verstehen!"

„Ja", flüsterte Sarah. „Ich mache alles, was du sagst. Bitte tut Leni nichts."

Er blickte ihr forschend in die Augen. „Gut, dann lasse ich dich jetzt mal alleine."

Er ging zur Tür und drehte sich noch mal um. „Ich besorg uns noch was zu essen. Auf was hättest du denn Lust?“

Da war es wieder. Das Gefühl von Unwirklichkeit, der Gedanke, dass dies einfach nicht real sein konnte.

Essen? Wie sollte sie in dieser Situation auch nur einen Bissen hinunter bekommen? Doch sie wollte zeigen, dass sie sich beruhigt hatte und mitspielen würde. Also möglichst normal verhalten.

„Ich bin eigentlich Vegetarierin“, krächzte sie mühsam.

„Das lässt sich machen“, sagte er und grinste sie an. „Elodie isst ja auch schon lange kein Fleisch mehr. Also dann, bis später.“

Sie konnte hören, wie sich der Schlüssel zweimal im Schloss drehte.

Dann stand alles still.

Reglos blieb Sarah vor dem Schreibtisch sitzen. Sie stützte den Kopf in die Hände und lauschte dem Herzschlag, der laut in ihren Ohren dröhnte. Heiße Tränen fielen auf das Papier wie winzige Regentropfen.

Ich kann hier nicht einfach nur sitzen bleiben! Ich muss irgendetwas unternehmen!

Sarah atmete tief ein und blickte sich um. Ein Schlafzimmer, ausgestattet mit edlen Möbeln. Seidig schimmernde Bettwäsche. Deckenhohe Schränke, an deren Türgriffe Kristallfigürchen baumelten.

Und eine weitere Tür. Die wohin führte?

Sarah stand auf und ging mit unsicheren Schritten darauf zu. Noch immer war ihr schwindelig.

Voller Hoffnung schob sie die Tür auf und tastete nach dem Lichtschalter.

Ein Badezimmer. Ganz mit weißem Marmor verkleidet, die Hähne vergoldet. Kalt wie eine Eishöhle.

Kein Ausweg.

Was hatte sie sich erhofft? Sie wankte zum Waschbecken und drehte den Hahn auf. Mit beiden Händen spritzte sie sich kaltes Wasser ins Gesicht und füllte den ebenfalls goldenen Becher, neben dem eine einzelne Zahnbürste lag. Gierig trank sie ihn leer und fühlte sich tatsächlich etwas besser.

Ihre Verletzung auf dem Kopf pochte immer noch, doch wenigstens war das Schwindelgefühl etwas abgeklungen. Sie stützte sich auf dem Waschbecken ab und sah in den Spiegel.

Eine Fremde starrte sie an.

Totenbleich, mit Ringen unter den Augen. Die blonden Haare ließen sie aussehen wie ein Geist, und der Ausdruck im Gesicht war erschreckend.

Ängstlich und verstört.

Das bin nicht ich!

Sarah hätte sich am liebsten die Perücke vom Kopf gerissen und sie in eine Ecke geschleudert, doch das wagte sie nicht.

Sie fasste sich und öffnete sämtliche Schränkchen und Schubladen, ohne zu wissen, wonach sie suchte.

Es war ein wirres Durcheinander von Tuben und Tiegeln, Make-up, Puderdosen, Lippenstiften, falschen Wimpern und unzähligen Parfümflaschen. In einem Wandschrank fand sie Perücken und Haarteile. Die Frau, der dieses Badezimmer gehörte, verbrachte wohl viel Zeit damit, sich um ihr Äußeres zu kümmern. Und Sarah konnte sich denken, wer sie war.

Das Badezimmer gehörte der Mutter der Zwillinge, und sie schob den Gedanken, was ihr wohl passiert war, mit aller Macht beiseite. Es gab genug Ängste, die sie unterdrücken musste, um sich und Leni irgendwie zu retten.

In einer Schublade lagen Lockenscheren und Haartrockner, deren Kabel sich ineinander verwickelt hatten. Und dazwischen – ein Schraubenzieher.

Sarah nahm ihn in die Hand und betrachtete ihn. Er war nicht sonderlich groß, doch vielleicht konnte sie etwas damit anfangen. Ein Schloss damit aufbrechen oder … damit zustechen? Kai hatte die Schere mit einem wissenden Lächeln eingesteckt. Wut kochte in ihr hoch, als sie daran dachte.

Er war doch nichts weiter als ein junger Mann. Kaum erwachsen. Und sie war eine gestandene Frau.

Eine Mutter!

Und sie würde jede Gelegenheit nutzen, um sich zur Wehr zu setzen.

Sie dachte an ihren Mann, der vielleicht in diesem Moment ahnungslos mit seinen Geschäftsfreunden an einem schattigen Plätzchen ein kühles Getränk genoss. Vielleicht würde er den Versuch starten, eine Verbindung zu bekommen und anrufen. Und dann schnell wieder auflegen, wenn sie nicht gleich abnahm. Weil er denken würde, dass sie vielleicht schliefen.

Zu Hause. In Sicherheit!

Sarah steckte den Schraubenzieher in eine Tasche ihrer Jeans und zog den Pullover weit nach unten. Dann wischte sie sich die Tränen aus den Augen, ging zurück ins Schlafzimmer und setzte sich an den Schreibtisch. Sie nahm den Kugelschreiber zur Hand und begann zu schreiben.

Vanessa Wagner. Vanessa Wagner. Vanessa Wagner.

Elodies Tagebuch

Kai verharrte unten an der Treppe und lauschte. Alles blieb ruhig. Die Neue schien sich in ihr Schicksal zu fügen. Was sollte sie auch sonst tun. Spätestens morgen Abend war alles vorbei. Trotzdem musste er jetzt noch mal einkaufen gehen.

Wie lange konnte ein Baby ohne Nahrung überleben? Selbst wenn es schlief? Er hatte keine Ahnung, doch er wollte gut für Leni sorgen. Das hatte er Elodie versprochen.

Er fühlte sich am Ende seiner Kraft. Erschöpft schlurfte er ins Wohnzimmer, er musste sich für einen kurzen Augenblick hinsetzen.

Neben dem Sofa stand ein kleiner Tisch, der vollgestellt war mit gerahmten Fotos. Er kannte jedes Detail, und er hatte sie eigentlich entsorgen wollen. Doch dann hatte er es nicht über sich gebracht. Und auch jetzt wurde sein Blick wieder von einem Foto angezogen, auf dem alle in die Kamera strahlten.

Papa und Vanessa auf dem Sofa, auf dem er jetzt saß. Auf ihren Knien er und seine Schwester. Da waren sie vielleicht drei Jahre alt gewesen und hielten sich an den Händen. Sie hatten sich immer an den Händen gehalten. Sich im Schlaf wie Hundewelpen aneinander gekuschelt. Immer die gleichen Gedanken gehabt, dieselben Wünsche und alles geteilt.

Kai hatte keine Erinnerung an den Moment der Aufnahme, und er erinnerte sich auch kaum noch an seinen Vater. Er war selten da gewesen, und sein Tod hatte keine große Lücke in ihrem Leben hinterlassen.

Elodie und er hatten nichts vermisst. Ihre Eltern, die Kindermädchen, Hausangestellten und auch später ihre Mitschüler hatten ihnen nie viel bedeutet. Sie hatten einander. Das war alles, was zählte.

Kai nahm das Foto in die Hand und studierte Vanessas Gesicht. Bis zu ihrem verhängnisvollen Tod war ihm nie wirklich bewusst gewesen, was für ein Mensch diese Frau war, die sich ihre Mutter nannte. Oberflächlich, gefühllos und egoistisch. Inzwischen war er davon überzeugt, dass sie ihren Vater aus purer Berechnung geheiratet hatte. Und wie eine Königin mit der Geburt der Kinder ihre Pflicht erfüllt hatte.

Mit einem Knall stellte er das Bild zurück. Vanessa war tot. Er hatte sie eigenhändig umgebracht. Sie hatte es verdient. Dieses Stück Dreck hatte es mehr als nur verdient.

Wenn sie Glück hatten, würden ein paar Wochen vergehen, bis man ernsthaft nach Vanessa suchen würde. Eine Zeit lang würden alle glauben, dass sie sich mal wieder einen ihrer spontanen Urlaube auf irgendeiner sonnigen Insel gegönnt hätte. Doch mit der Zeit würde man sich wundern. Und sie finden.

Unwichtig, denn bis dann waren sie längst fort. Ihren Anteil am Erbe ihres Vaters konnten sie nicht mehr antreten. Dazu hätten er und Elodie gemeinsam mit Vanessa vor dem Notar erscheinen müssen, der seit Jahrzehnten die Angelegenheiten der Familie betreute. Auch wenn er inzwischen ein alter Mann war, nicht mehr gut sah und ein Hörgerät trug, auf eine Doppelgängerin würde er nie hereinfallen.

Doch über hunderttausend in bar waren ein gutes Startkapital, um ein neues Leben zu beginnen.

Sein Blick fiel auf die Bücherstapel auf dem Salontisch. Dazwischen hatte er Elodies Tagebuch geschoben. Ganz offen, so dass sie da niemals suchen würde.

Er spitzte die Ohren, doch alles war ruhig, also nahm er es zur Hand und blätterte darin.

Auf den ersten Seiten hatte sie die für ein junges Mädchen wohl wichtigsten Dinge festgehalten. Schule, Freundinnen und wie sie

Aimal kennengelernt hatte. Alles in den schön geschwungenen Buchstaben, wie er sie von seiner Schwester kannte.

Dann gab es eine Lücke von drei Wochen, und es war, als hätte jemand anders das Tagebuch weitergeführt. Mit winzigen, krakeligen Buchstaben. Die Handschrift wirkte wie geschrumpft und war an vielen Stellen verwischt, als wären Tränen auf das Papier getropft.

Er hatte das Tagebuch schon oft gelesen, doch er musste es wieder und wieder tun. Denn dann fühlte er sich seiner Schwester wieder so nah und tief verbunden, wie es immer gewesen war. Bevor …

… Ich habe mich heute mit Aimal im Club verabredet. Ich glaube, ich habe mich wirklich in ihn verliebt. Ich kann es kaum erwarten, ihn Kai vorzustellen. Er wird ihn bestimmt mögen. Als ich Kai gestern am Telefon gefragt habe, ob das mit ihm und diesem Mädchen aus seiner Klasse etwas Ernstes wird, hat er herumgeeiert. Sie tut mir echt leid, ich weiß ja, wie sehr die Girls für meinen Bruder schwärmen.

Ich wünschte, Kai wäre endlich wieder da. Mom ist kaum mehr zum Aushalten. In letzter

Zeit ist sie fast ständig betrunken, und die Typen, die sie dauernd anschleppt, finde ich alle zum Kotzen.

Jetzt haben wir nur noch eine Putzfrau. Mom hat das ganze Personal vergrault. Hoffentlich kommt die Frau morgen, denn ich kann mir denken, wie das nach der Party hier wieder aussehen wird. Mom wollte, dass ich heute Abend dableibe und ihr dabei helfe, den Leuten das Geld aus der Tasche zu ziehen. Ist doch für meine Stiftung, hat sie gesagt, alles für den guten Zweck!

Pah, ihre Stiftung, die hat Papa ins Leben gerufen! Für sie ist das bloß ein weiteres Schmuckstück, mit dem sie in der Öffentlichkeit glänzen kann. Ich weiß genau, dass sie sich keinen Deut um die Kinder schert, um die es geht.

Bald werden wir achtzehn, und dann können Kai und ich mitreden! Mist, das Catering rückt schon an! Zeit, dass ich hier verschwinde.

ICH HASSE SIE! ICH HASSE SIE!

Ich kann einfach nicht damit aufhören, mich ständig zu duschen. Mehrmals am Tag, und meine Haut ist voller Ekzeme. Mom hat mich angebrüllt, ich soll damit aufhören. Aber ich kann nicht. Seit drei Wochen, doch es hilft nichts. Schmutzig, immer noch schmutzig!

Ich kann nicht mit Kai darüber reden. Ich kann mit niemandem reden. Ich gehe in die Schule und fühle mich wie ein Roboter. Ab morgen bleibe ich zu Hause. Ich bekomme ja sowieso nichts mit. In meinem Kopf ist nur noch Müll. Hass und Scham. Ich fühle mich so allein. SO ALLEIN!

Sie hat gesagt, dass ich lüge. Dass ich das gewollt hätte. Dass es meine Schuld wäre und dass niemand mir glauben würde. Denn Jochen sei ein angesehener Geschäftsmann, ein Familienvater, der selbst Töchter in meinem Alter hat und so etwas niemals tun würde.

Manchmal denke ich, dass es vielleicht doch meine Schuld gewesen ist. Dass ich etwas falsch gemacht habe. NEIN! ICH HASSE SIE!

Ich schreib es auf. Vielleicht zeige ich es irgendwann Kai, ich weiß aber nicht, ob ich das über mich bringe. Ich schäme mich so, ich fühle mich so elend, und der Gedanke, dass er mir auch Vorwürfe machen könnte oder mich komisch ansieht, bringt mich um.

Was in dieser Nacht passiert ist, hat mich in zwei Hälften geschnitten, die man nicht mehr zusammenfügen kann. Das Mädchen, das ich vorher war, und die Elodie danach.

Das Mädchen ist an diesem Abend erst um halb drei nach Hause gekommen. Mit dem Taxi, obwohl Aimal es bringen wollte. Das wollte es nicht. Es wollte nicht, dass er diesen Leuten begegnet. Ihr!

Doch sie waren schon weg. Ihre Mom hat auf dem Sofa gelegen und geschnarcht. Nur Jochen war noch da. Er hat neben ihr gesessen, am Rest einer Zigarre gezogen und gegrinst.

„Deine Mutter ist ziemlich hinüber."

„Das ist nichts Neues", antwortete das Mädchen und wollte auf sein Zimmer gehen.

„Bleib doch einen Moment", sagte er, und es blieb stehen. Er ist Mitglied im Stiftungsrat, und das Mädchen fand ihn eigentlich immer ganz okay.

„Trinkst du einen letzten Schluck mit mir?", fragte er, und bevor sie antworten konnte, füllte er ein Glas mit Rotwein und hielt es ihr hin. „Du und dein Bruder werden wohl bald das Sagen bei uns haben."

Das dumme Mädchen nahm das Glas, weil es dachte, er wolle sich über die Stiftung unterhalten. Und Kai und das Mädchen hatten ja schon ein paar gute Ideen. Vielleicht wäre es gut, schon mal jemanden auf ihrer Seite zu haben.

„Ja, Anfang Dezember haben wir Geburtstag“, sagte das Mädchen.

Er rappelte sich auf und legte dem Mädchen die Hand auf die Schulter. „Achtzehn! Kaum zu glauben, du siehst so jung aus, süß und unschuldig, wie ein kleines Mädchen. Bist du noch unschuldig?“

Das war der Moment, als dem Mädchen klar wurde, dass er auch betrunken war. Es schlug seine Hand weg.

„Das geht Sie nichts an“, sagte es und stellte das Glas ab.

„Oh, entschuldige mein Kind, ich wollte dir nicht zu nahetreten“, rief er. Es klang höflich, aber das anzügliche Grinsen in seinem Gesicht sagte etwas anderes.

„Es ist wirklich Zeit, dass Sie gehen!“

„Sag doch Jochen zu mir, und lass uns über die Zukunft reden. Ich bin mir sicher, ich werde mit dir genauso gut zusammenarbeiten wie mit deiner Mutter.“

„Mal sehen“, erwiderte das Mädchen. Sie hätte weglaufen sollen! Warum nur ist sie geblieben! Sie war so dumm. „Bitte gehen Sie jetzt nach Hause. Es ist wirklich spät.“

Er blies ihr den Qualm seiner Zigarre ins Gesicht. „Wenn du nichts dagegen hast, rauche ich die noch zu Ende. Und vielleicht sollte ich deine Mutter in ihr Schlafzimmer bringen, was meinst du?“

„Das ist nicht nötig. Wenn sie aufwacht, findet sie den Weg schon alleine.“

Der Gedanke, dass er sich im oberen Stock herumtreiben könnte, machte das Mädchen sehr nervös. Er sollte endlich abhauen.

Er lachte anzüglich, und sie begann sich vor ihm zu fürchten. Denn er wirkte so gar nicht mehr wie der Geschäftsmann, den sie kannte.

„Vielleicht weißt du es nicht, aber es wäre nicht das erste Mal, dass ich deine Mama ins Bettchen bringe. Und …“ Er beugte sich zu dem dummen, dummen Mädchen, und sie konnte seinen ekelhaften Atem riechen. „… das hat ihr immer so gut gefallen, dass sie mich nicht mehr gehen lassen wollte. Möchtest du nicht wissen, was ihr so gefallen hat?“

„Es reicht, gehen Sie!“

Das Mädchen rannte zum Sofa und rüttelte Mom an der Schulter. „Mom! Mama, wach auf!“

Sie stöhnte und schlug kraftlos um sich.

„Mom!“ Am liebsten hätte ihr das Mädchen ins Gesicht geschlagen. Stattdessen packte sie sie an den Haaren und wollte sie schütteln und hielt plötzlich eine ihrer Perücken in den Händen.

Jochen begann laut zu lachen. „Oh, darüber wird sie sich gewaltig aufregen, du hast eines ihrer Geheimnisse enthüllt."

„Jochen?", lallte Vanessa. „Bist du immer noch …" Dann drehte sie uns den Rücken zu und begann wieder zu schnarchen.

Das Mädchen konnte es nicht fassen und merkte erst jetzt, dass Jochen plötzlich dicht hinter ihr stand. Er griff sich eine Strähne ihrer Haare und zwirbelte sie zwischen den Fingern.

„Deine sind echt", murmelte er. „Und so seidig."

Sie wollte fliehen, doch er ließ nicht los, sondern wickelte sich die Strähne um die Hand und mit der anderen quetschte er den Busen des Mädchens. Sie fühlte sich wie in einem Schraubstock und war wie gelähmt vor Panik. Sein Mund schmatzte dicht an ihrem Ohr, als würde er etwas kauen.

Sie riss sich aus ihrer Erstarrung und versuchte, sich zu wehren.

„Komm schon, komm schon", grunzte er. „Du bist doch die Tochter deiner Mutter, lass uns etwas Spaß haben."

Sie drehte sich zu ihm, doch er ließ sie nicht los. Sie hat geschrien. „Mama! Mama! Hilf mir!"

Sie lag da, als wäre sie gestorben. Sie würde dem Mädchen nicht helfen.

Sie versuchte, ihm das Knie zwischen die Beine zu rammen, doch er versetzte ihr einen heftigen Stoß, und es stürzte.

„Kleines Miststück", das hörte sie noch, bevor sie mit dem Hinterkopf auf die Kante des Salontischs knallte. Dann wurde es dunkel.

Als es wieder halbwegs zu sich kam, lag das Mädchen auf dem Boden. Schmerzen. Unerträgliche Schmerzen und ein Felsbrocken, der sich bewegte und keuchende Laute ausstieß.

Sie schrie sich die Lunge aus dem Leib und versuchte, ihn von sich zu stoßen. Es ging nicht, ihre Glieder wollten ihr nicht gehorchen. Sie war wie gelähmt. Da hat sie ihn in Wange gebissen.

So habe ich den kurzen Augenblick in Erinnerung, bevor alles wieder schwarz wurde und das Mädchen für immer verschwunden ist.

Erinnerungen.

Mom behauptet, dass das gar nicht stimmt. Das hätte ich mir eingebildet. Ich hätte Jochen mit in mein Zimmer genommen. Freiwillig. Weil er doch wirklich ein attraktiver Mann ist.

ICH HASSE SIE!

Ich schaue in den Spiegel und erkenne mich nicht. Ich habe mir die Haare abgeschnitten. Mit jeder Strähne, die ins Waschbecken gefallen ist, habe ich mich leichter gefühlt.

Sicherer.

Dann habe ich in Papas Badezimmer alles auf den Kopf gestellt und tatsächlich noch seinen Rasierer gefunden. Ich musste ihn zuerst aufladen und eigentlich gar nicht daran geglaubt, dass er noch funktionieren könnte.

Das Gefühl, damit über die Kopfhaut zu fahren und so den letzten Rest zu vernichten, den das Schwein angefasst hat, war so gut. Es ist mir egal, wie ich aussehe. Ich gehe nirgendwo mehr hin. Ich will niemanden sehen.

Mom ist ausgeflippt, als sie mich gesehen hat. Ich hätte sie an diesem Abend zu einer Benefizveranstaltung begleiten sollen. Ich habe ihr tausendmal gesagt, dass ich das auf keinen Fall tun würde, aber sie hat nur gemeint, ich solle mich nicht so anstellen.

Es war wie ein kleiner Triumph, als sie gebrüllt hat, dass ich so auf keinen Fall mitkommen könne. Nur ein winziger Moment, denn dann hat sie gesagt, ich solle eine ihrer Perücken tragen.

Da bin ich auf sie losgegangen, und sie ist aus dem Badezimmer gerannt. Ich habe die Tür abgeschlossen und mich in die Wanne gelegt und geweint. Ich weiß nicht, wie lange, irgendwann bin ich total erschöpft eingeschlafen.

Bitte, bitte nicht! Mir ist bis jetzt gar nicht aufgefallen, dass ich schon lange keine Periode mehr hatte. Bitte, bitte, bitte …

Alles dreht sich. Ich kann nicht mehr denken, ich kann nicht mehr schlafen, mein Herz rast wie verrückt, seit ich mir den Schwangerschaftstest geholt habe. Ich weiß nicht mehr, wie lange ich auf dem Klo gehockt bin und ihn angestarrt habe. Schwanger. Ich.

Ich muss Kai anrufen.

Nein. Ich kann nicht.

Ich kann nachts endlich wieder schlafen. Ich träume. Von Babys, als ob das, was in meinem Bauch heranwächst, schon mit mir spricht. Es sind zwei. Ich weiß nicht, wieso, aber ich bin mir ganz sicher. Und es ist mir nicht mehr wichtig, wie die da hingekommen sind. Das sind meine Babys. Niemand hat ein Recht auf sie.

Ich werde sie lieben.

Mom sieht mich komisch an und schleicht um mich herum wie ein schnüffelnder Hund. Man kann doch noch gar nichts sehen?

Wir haben gestritten wie noch nie. Ich habe Mom angebrüllt, dass sie mir schon bald ohnehin nichts mehr vorschreiben kann, dass ich mein Leben so führen werde, wie ich es will. Und dass ich nie wieder etwas mit ihr zu tun haben will und meine eigene, kleine Familie … Ich habe mich irgendwie verraten. Ich weiß nicht, wie es passiert ist, aber ich glaube, sie hat es schon vermutet.

Das Kind muss weg, hat sie gesagt und sich drohend vor mir aufgebaut.

Zuerst war ich wie versteinert vor Schock und Wut.

Doch dann bin ich innerlich ganz ruhig geworden. „Niemals. Das sind meine Kinder."

Ich wollte an ihr vorbei aus der Küche laufen, doch sie hat mir den Weg versperrt und mir alles

Mögliche an den Kopf geworfen. Auf mich eingeredet wie auf ein dummes, störrisches Kind.

Wie ich mir das vorstellen würde. Mein Leben wäre ruiniert. Dass sie auf keinen Fall die fürsorgliche Großmutter spielen würde, dazu wäre sie zu jung. Was die Leute denken würden, das Getuschel und Gerede.

Ich weiß nicht, was noch alles. Ich habe ihr gar nicht mehr zugehört. Am Schluss hing ihr ein Speichelfaden aus dem Mund, und ich hatte nur noch Verachtung für sie übrig. Dann habe ich sie einfach stehen lassen, und da hat sie wohl begriffen, dass sie keine Macht mehr über mich hat.

Mein Herz klopft bei dem Gedanken, dass ich in ein paar Monaten Babys bekomme. Manchmal vor Angst, aber meistens vor Freude. Ich werde das schaffen! Dank Papas Erbe muss ich mir keine Sorgen um Geld machen. Ich suche mir eine eigene Wohnung – oder vielleicht besser ein Häuschen? Für Kinder wäre das schöner. Wir könnten im eigenen Garten spielen, das stelle ich mir wunderschön vor. Vielleicht wird Kai bei uns einziehen? Er wird mir zur Seite stehen, das weiß ich. Jetzt kann ich ihm alles erzählen. Kann kaum erwarten, dass er nach Hause kommt.

Mom ist plötzlich ganz fürsorglich zu mir. Kocht Tee für mich. Und ganz nebenbei hat sie mich gefragt, in welcher Woche ich bin. Ich habe ihr gesagt, dass sie das ja ganz genau wüsste. Eigentlich hätte ich erwartet, dass sie weiterbohrt. Ob tatsächlich Jochen der Vater ist. Oder ob ich vielleicht mit Aimal was gehabt hätte.

Aimal. Er ruft dauernd an, ich gehe nicht ran. Er schreibt Nachrichten, sogar Briefe. Es tut weh, aber es ist vorbei. Irgendwann muss ich ihm sagen, weshalb. Ich bin schwanger. Irgendwann rede ich mit ihm, jetzt will ich niemanden sehen.

Kai, ich vermisse dich so!

Sterben, ich will nur noch tot sein. Ich kann es nicht glauben. Ich betaste meinen Bauch, lausche, doch da ist nichts mehr. Er fühlt sich so leer an wie mein Kopf.

Sie haben sie mir genommen. UMGEBRACHT!

Ich kann mich kaum daran erinnern. Es war wie in einem schrecklichen Traum. Ich weiß nur noch, dass Mom mir wieder einen Tee gebracht hat. Dann bin ich eingeschlafen.

Und habe geträumt, ich sitze neben ihr im Auto. Ich konnte nicht richtig sehen. Die Lichter an den Straßen waren blendende Schlieren vor meinen Augen. Mir ist schlecht geworden davon, und ich habe sie zugemacht.

Plötzlich stand eine Frau neben dem Auto. Sie kam mir irgendwie bekannt vor. Eine Freundin von Mom? Sie haben mich mitgenommen und in ein Gebäude gebracht. Durch lange Gänge geführt. Alles war weiß und kahl. Ich wollte sie fragen, wo wir hingehen, aber meine Zunge war so schwer. Und sie haben kein Wort geredet. Ich habe mich hingesetzt, und die Frau hat meinen Ärmel hochgekrempelt. Ein Stich und danach hatte ich Albträume. Ich war in einem dunklen Keller und wollte davonrennen, doch es ging nicht. Plötzlich verspürte ich einen heftigen Schmerz im Unterleib, als hätte mich etwas gebissen. Ich habe geweint, und dann wurde alles ganz still.

Als ich wieder aufgewacht bin, lag ich in meinem Bett, und die Schmerzen waren noch da. Als hätte irgendein Tier in meinem Unterleib gewütet. Da wusste ich es. Mom hatte mich zu ihrer Freundin gebracht. Einer Ärztin, mit der sie oft um die Häuser zieht.

Ich habe geschrien und getobt, alles in meinem Zimmer kurz und klein geschlagen, bis ich zusammengebrochen bin. Ich hätte Mom wahrscheinlich umgebracht, doch sie hat mich eingesperrt.

Dann bin ich gestorben. Denn da war nichts mehr.

Mom sagt, dass ich eine Depression hätte und sie eine Klinik für mich sucht.

Wenn sie vor meinem Bett steht und auf mich einredet, ist es, als wäre sie weit entfernt. Ich blicke wie durch ein umgedrehtes Fernrohr, sie ist ganz winzig, und ihre Stimme klingt verzerrt. Kann sie denn nicht sehen, wo ich bin? Ich bin gar nicht da. Ich sitze in einer Grube, und ich kann meine Babys weinen hören. Das nimmt mir alle Kraft. Ich wollte, ich könnte meine Mutter hassen. Doch das geht nicht mehr.

Ich kann gar nichts mehr tun.

Ich halte es nicht mehr aus. Die Wände rücken immer näher. Die Decke senkt sich. Ich kann es sogar hören. Bald werde ich zerquetscht.

Ich will nicht darauf warten.

Ich will zu meinen Babys.

Die Rasierklingen.

In Papas Badezimmer liegen noch welche.

Ich sollte Kai noch einen Brief schreiben. Um Verzeihung bitten, weil ich ihn allein lasse. Das wird er mir aber nicht verzeihen. Er wird mich dafür hassen. Nicht einmal das berührt mich mehr. Mein Körper spielt verrückt, ich schwitze, ich zittere, die Panikanfälle lassen mich Dinge sehen, die gar nicht da sind. Oder doch?

Ich renne wie ein Tier im Kreis. Ich will aus meinem Zimmer, aber ich schaffe es nicht weiter als bis zur Tür.

Die Luft bleibt mir weg.

Ich ersticke und muss zurück ins Bett.

Morgen.

Morgen werde ich nicht aufgeben.

Die Rasierklingen …

Kai

Kai wischte sich über die Augen und schob das Tagebuch behutsam zurück in den Stapel. Sein Blick fiel auf den Fuß der Treppe.

Dort hatte ihre Mutter gelegen. Mit verdrehten Gliedmaßen. Vanessa.

Er hatte sie umgebracht.

Nach dem letzten kurzen Telefonat mit Elodie war er besorgt gewesen. Eine quälende Unruhe, eine böse Vorahnung hatte ihn dazu getrieben, aus dem Internat abzuhauen und in den nächsten Flieger zu steigen.

Die letzten Kilometer im Taxi vom Flughafen nach Hause kamen ihm endlos vor. Der Hausschlüssel fiel ihm zweimal aus den Händen.

Und als hätten sich seine Ängste materialisiert, stand seine Mutter oben an der Treppe und rieb die blutverschmierten Finger an einem Tuch.

Sie zuckte zusammen, als die Haustür hinter ihm mit einem Knall ins Schloss fiel, und sah ihn mit weit aufgerissenen Augen entgeistert an.

„Du?“, flüsterte sie.

Er ließ seine Tasche fallen und schrie: „Was ist passiert?“

„Kai, Junge, bitte bleib jetzt ganz ruhig, wir müssen …“

Er stürmte die Treppe hoch, wollte an ihr vorbei in Elodies Zimmer, doch sie stellte sich ihm in den Weg.

„Es tut mir so leid“, stammelte sie und schlang die Arme um ihn. „Ich wollte doch nur das Beste für deine Schwester, ich wollte ihr helfen! Sie hat selbst gesagt, dass es eine Vergewaltigung war. Wie hätte ich denn ahnen sollen, dass die Abtreibung solche Folgen hat, dass sie so etwas tun könnte.“

Ihre Worte trafen ihn mit der Wucht von Schlägen. Elodie, vergewaltigt? Schwanger? Er versuchte, zu begreifen, was sie sagte. Und eine grenzenlose Furcht vor dem, was ihn erwarten würde, erfasste ihn. Er versuchte sich von seiner Mutter zu befreien, doch sie klammerte sich an ihn und schluchzte hysterisch. „Kai! Du musst mir glauben“, bettelte sie. „Ich wollte das Richtige tun, sie hätte sich doch ihr Leben ruiniert!“

Er stieß Vanessa von sich und schlug ihr ins Gesicht. Fassungslos rieb sie ihre Wange und gab endlich den Weg frei. Seine Hand bebte, als er die Tür zu Elodies Zimmer aufschob.

Er würde den Anblick nie vergessen.

Seine Schwester lag auf dem Rücken im Bett, das Laken war mit roten Flecken besudelt. Die

Handgelenke waren mit Tüchern umwickelt, Vanessas stümperhafte Versuche, das Blut zu stoppen. Er rannte zu ihr und setzte sich auf die Bettkante. Vorsichtig nahm er einen Arm und hob das Tuch. Die Schnitte waren nicht besonders tief und hatten schon aufgehört zu bluten.

Erleichtert streichelte er den kahlrasierten Schädel, und Elodies Augen begannen zu leuchten.

„Ich bin da, nun wird alles wieder gut“, flüsterte er und küsste ihre Wange.

„Kai, bitte, hör mir zu“, sagte Vanessa. Sie stand am Türrahmen und knetete das blutverschmierte Tuch in den Händen.

„Ruf den Notarzt“, sagte er mit rauer Stimme. „Das muss vielleicht genäht werden.“

„Kai, bitte …“

„Tu endlich, was ich sage“, brüllte er. „Und dann halt den Mund! Ich kann nicht fassen, dass sie das getan hat. Aber eines weiß ich, du bist schuld! Du hast sie so weit gebracht!“

In Elodies Augen schimmerten Tränen.

„Alles wird wieder gut“, murmelte er. „Ich werde dich nie mehr alleine lassen.“

Er konnte nicht aufhören, sie zu streicheln. Unter den Fingern spürte er feine Narben auf ihrer Kopfhaut, die wohl von der Rasur stammten. Es brach ihm fast das Herz. Ihre Haare! Ihre wunderschönen Haare, auf die sie immer so stolz gewesen war.

„Kai, wir müssen versuchen, einen Skandal zu verhindern“, stöhnte Vanessa. „Ich werde jetzt Priscilla anrufen, sie kann uns sagen, was wir tun sollen.“

Etwas in ihm riss.

Er konnte es fast hören. Als ob man gewaltsam Seiten aus einem Buch trennen würde. Es in Stücke reißen.

Fast hätte er seine Schwester verloren. Wie sehr musste Elodie gelitten haben, dass sie so weit gegangen war! Und alles, was Vanessa interessierte, war der Ruf der Familie. Ihr guter Ruf! Ihre Angst, man könnte sich das Maul über sie zerreißen.

Behutsam legte er Elodies Hand auf die Decke. Er war nicht mehr sich selbst, als er sich erhob. Als er auf seine Mutter zuging, die erschrocken zurückwich.

„Kai, ich …“, stammelte sie und hob beschwörend die Hände. In den Augen flackerte Furcht.

Er starrte sie an, und es kam ihm so vor, als sähe er sie zum ersten Mal. Eine Fremde. Das Gesicht zugekleistert mit einer dicken Schicht Schminke. Die blonden Locken nicht ihre eigenen. Die teure Kleidung, der funkelnde Schmuck, war das seine Mutter?

Sie müsste doch jetzt weinen, oder nicht? Schon längst den Notarzt gerufen haben. Sich neben ihre Tochter setzen und sie in die Arme nehmen. Trösten und ihr sagen, dass sie alles tun würde, damit es ihr wieder gut ging.

Sie wollte vor ihm weglaufen, doch er packte Vanessa und presste sie im Flur gegen die Wand.

Legte ihr die Hände um den Hals und drückte zu.

Sie schlug auf ihn ein, riss ihn an den Haaren und versuchte ihn zu kratzen. Er blickte ihr in die Augen, und endlich konnte er Tränen darin sehen.

Dann sackte sie lautlos zusammen.

Er hob sie hoch und warf sie die Treppe hinunter. Hier oben hatte sie nichts mehr zu suchen.

„Kai?" Elodies Stimme klang schwach und besorgt, und er erwachte wie aus einem Traum.

„Ich komme", sagte er und blickte auf das, was einmal ihre Mutter gewesen war. Und mit einem Schlag wurde ihm klar, dass er einen entsetzlichen Fehler begangen hatte.

Man würde ihn verhaften. Wegen Mord verurteilen und jahrelang einsperren. Und was würde dann aus Elodie werden?

Er durfte sie nicht wieder im Stich lassen. Entschlossen gab er sich einen Ruck. Als Erstes musste er sich um Elodies Wunden kümmern. Und danach Vanessas Leiche fortschaffen. Und sie mussten genügend Geld auftreiben, damit sie irgendwo untertauchen konnten. Er ging zurück in Elodies Zimmer.

Sie hatte sich aufgesetzt, und ihre Wangen hatten wieder etwas Farbe.

„Was hast du getan? Wo ist Vanessa?“ Sie sah ihn beunruhigt an.

„Vertraust du mir?“, fragte er und ließ sich neben sie fallen.

„Das weißt du doch“, sagte sie lächelnd und schlang ihm die Arme um den Hals. „Du bist alles für mich, ein Teil von mir. Der einzige Mensch der mir etwas bedeutet.“

„Dann wird alles gut.“

Kai verdrängte die Erinnerung an diesen schrecklichen Tag, der beinah ihr Leben zerstört hätte. Doch er hatte einen Ausweg gefunden.

Ich darf jetzt nur im letzten Moment keinen Fehler machen, dachte er und sah sich niedergedrückt um. Er saß immer noch auf dem Sofa und erinnerte sich, dass er etwas Wichtiges erledigen musste. Doch es dauerte lange, bis es ihm endlich einfiel.

Einkaufen. Babynahrung und etwas zu essen. Vegetarisch für Elodie und Vanessa. Nein, ihr Name war Sarah.

Schwerfällig erhob er sich und wankte in die Küche, um die Einkaufstasche zu holen. Vor dem Fenster fielen dichte Flocken. Und für einen kurzen Moment verspürte er das Glücksgefühl, das sie als Kinder bei diesem Anblick immer empfunden hatten. Die unbändige Freude über die weiße Pracht, in der man herumtollen konnte. Sich darin wälzen, Schneemänner bauen und einander mit Schneebällen bewerfen. Schlitten fahren auf dem kleinen Hügel hinter dem Haus. Und sich anschließend die Zunge an heißer Schokolade verbrennen.

Kai merkte, dass er sich wieder nicht konzentrieren konnte. Sich in Gedanken und Erinnerungen verlor.

Die nicht mehr wichtig waren.

Er nahm die Tasche und zog sich eine dicke Jacke an. Er würde zu Fuß gehen, bis zum Laden war es nicht weit. Die kalte Luft würde ihm guttun und den Kopf freimachen.

Es gab noch so viel zu tun.

Der Schuppen

Sarah hörte, wie die Haustür in Schloss fiel, und eilte zum Fenster. Kai ging die Auffahrt hinab, gebeugt wie ein alter Mann. In der Hand trug er eine große Tasche.

Er geht einkaufen! Sarahs Herzschlag beschleunigte sich. *Das ist vielleicht meine Chance!*

Jetzt war nur noch seine Schwester im Haus, und Sarah hoffte, dass sie ein so junges Mädchen überwältigen konnte. Oder wenigstens ein Telefon finden.

Doch erst mal musste sie aus dem Zimmer kommen!

Sie zog den Schraubenzieher aus der Hosentasche und rannte zur Tür. Sie stocherte ein wenig im Schloss und musste enttäuscht einsehen, dass das gar nichts brachte.

Die Scharniere! In einem Film hatte sie gesehen, wie jemand die seitlich angebrachten Scharniere abgeschraubt hatte und so die Tür öffnen konnte.

Ihr Herz sank, als sie begriff, dass sich die Scharniere auf der Seite des Flurs befinden mussten.

Es blieb nur noch das Fenster.

Sie riss es auf und beugte sich hinaus. Um Hilfe zu rufen wagte sie nicht. Elodie könnte das vielleicht hören, Panik bekommen und Kais Drohung wahrmachen.

Leni etwas antun!

Springen? Sarah spürte die Nässe im Gesicht, auf dem die Schneeflocken schmolzen, während sie unschlüssig in die Tiefe starrte. Es war viel zu hoch, sie würde sich bestimmt die Beine brechen. Sie drehte den Kopf und sah einen kleinen Balkon. Er war etwa drei Meter entfernt. Wenn sie es bis dahin schaffen konnte und dann die Balkontür mit dem Schraubenzieher aufbrechen? Vielleicht war sie gar nicht abgeschlossen?

Das Haus war gewiss alt, damals hatte man noch Wert auf Verzierungen gelegt. Unter den Fenstern zog sich ein Fries, der etwa zehn Zentimeter vorstand. Kaum Platz, um darauf zu stehen, und gekrönt von einer Haube aus Schnee. *Und darunter? Eis?*

Doch es war die einzige Möglichkeit. Sarah nahm allen Mut zusammen und kletterte rückwärts aus dem Fenster. Sie klammerte sich am Fensterrahmen fest und stellte vorsichtig tastend einen seitwärts gedrehten Fuß auf den Fries. Es fühlte sich nicht so rutschig an, wie sie befürchtet hatte, also stellte sich sie auch mit dem zweiten Bein auf den Vorsprung.

Dann machte sie zwei Schritte seitwärts. Doch nun musste sie den Rahmen loslassen. Verzagt musterte sie die Wand. Da war nichts. Keine Ritze, kein Loch, um sich darin festzukrallen. Der Wind blies durch die Maschen ihres Pullovers und kühlte den Schweiß, der ihr unvermittelt ausbrach. Ihr hektischer Atem formte kleine Wölkchen vor ihrem Gesicht.

Bitte, bitte, lieber Gott, hilf mir!

Sie hielt die Luft an, presste sich an die Mauer und rührte sich nicht mehr. Dann wagte sie es den Fensterrahmen loszulassen.

Ich bin nicht gefallen, triumphierte sie innerlich und blinzelte den Schweißtropfen weg, der ihr ins Auge gelaufen war.

Ich schaffe es. Ich muss es schaffen!

Mit angespannten Muskeln schob sie sich vorsichtig Zentimeter für Zentimeter weiter. Unterdrückte mit aller Macht das Zittern der Beine, die Angst, die sie lähmen wollte, und konzentrierte sich nur auf ihren Atem. Ihre Handflächen glitten über den rauen Verputz, die Kälte nagte an den Fingern.

Weiter, feuerte sie sich an. Sie wagte nicht den Kopf zu drehen aus Angst, das Gleichgewicht zu verlieren.

Ihr Herz begann zu rasen, als ihr rechter Fuß ins Leere trat, und sie schielte nach unten.

Der Fries war abgebrochen, es fehlte ein beträchtliches Stück. Sie würde einen großen Schritt machen müssen, um wieder Halt zu finden.

Frustriert kämpfte sie mit den Tränen. Der Balkon war so nah, das Geländer schon fast greifbar.

Ich muss es schaffen, und ich werde es schaffen. Ich werde in dieses Zimmer kommen und mir Leni zurückholen!

Sie nahm allen Mut zusammen.

„Oh, Mann! Kai! Was machst du hier? Sind in England denn schon Weihnachtsferien?“

Kai hob den Kopf und musterte den jungen Mann, der mit einem breiten Grinsen vor ihm stand.

Er war sicher, dass er ihn kannte, doch er hatte keine Ahnung mehr, wer das war. Ein Geist aus der Vergangenheit. Aus einem anderen Leben.

„Was ist los mit dir? Bist du high?“, fragte der Bursche und blickte ihm prüfend ins Gesicht. „Du siehst echt scheiße aus!“

„Mir geht es nicht gut“, krächzte Kai. „Wir sind gerade alle krank.“

„Oh, tut mir leid, Alter!“ Er klopfte ihm bedauernd auf die Schultern, und jetzt konnte Kai sich wieder erinnern. Das war ein ehemaliger Mitschüler. Victor. Oder so ähnlich. Er fühlte sich tatsächlich krank. Kaum mehr fähig, gerade zu stehen.

„Hör mal“, sagte Victor und trat nervös von einem Fuß auf den anderen. „Du hast nicht zufällig ein paar Scheine übrig? Ich bin gerade etwas klamm, aber du verstehst ja sicher, wie das ist. So kurz vor Weihnachten und so.“

Kai starrte in seine hoffnungsvoll geweiteten Augen. „Klar, natürlich. Wie viel brauchst du?“

„Oh, super, danke, Alter. Na, vielleicht so fünfzig? Kann auch gerne mehr sein.“

Kai kramte in seinen Jackentaschen nach dem Geldbeutel, und Victor plapperte gutgelaunt weiter.

„Hast dich überhaupt nicht verändert. Immer noch der alte Kai mit dem großen Herzen. Ich fand ja schon immer, dass du ein cooler Typ bist.“

„Ich kann dir nichts geben“, stöhnte Kai frustriert.

„Was? Wieso denn?“

„Ich habe den Geldbeutel zu Hause liegen gelassen.“

Victor zog eine enttäuschte Grimasse. „Na, dann eben nicht. Ich muss jetzt auch mal wieder. Mach's gut!"

Kai sah ihm nach, wie er im Schneetreiben davontrottete und von den Flocken verschluckt wurde.

Dann drehte er sich um und lief zurück nach Hause.

Sarah spürte, wie der Fries unter der Sohle ihres Stiefels abbröckelte. Sie zog den Fuß zurück, doch es war zu spät.

Mit einem Schrei stürzte sie rückwärts, versuchte reflexartig, sich irgendwo festzuhalten, ihr Körper drehte sich, und das war ihr Verhängnis.

Sie hörte, wie ihr Schienbein wie ein morscher Ast brach, als sie auf dem Boden aufschlug. Sie war auf einem Stück Metall gelandet, das wie ein rostiges Artefakt aus dem Schnee ragte. Sie wimmerte vor Schmerz und unterdrückte mit aller Macht die Schreie, die in ihrer Kehle aufstiegen.

Still, ich muss still sein.

Stöhnend wälzte sie sich zur Seite, sah sich um und wartete panisch auf das, was jetzt geschehen würde. Doch hinter den Fenstern flammte kein

Licht auf, keine Tür wurde aufgerissen, also hatte Elodie nichts mitbekommen.

Sarah versuchte, aufzustehen, doch der Schmerz ließ sie fast ohnmächtig werden. Sie legte sich keuchend auf den Bauch. Der Plan, in das Zimmer zu kommen und das Mädchen zu überwältigen, war kläglich gescheitert.

Alleine schaffe ich es nicht, dachte sie, ich muss zur Straße gelangen und um Hilfe rufen. Und beten, dass Elodie nichts bemerkt und mit Leni die Flucht ergreift.

Sie biss die Zähne zusammen und robbte auf den Ellenbogen vorwärts, das verletzte Bein schleifte wie ein Fremdkörper mit. Sie konnte durch das heftige Schneetreiben kaum etwas sehen, die Straße am Ende des Grundstücks schien meilenweit entfernt.

An ihrem Bauch hafteten Schneeklumpen am Pullover, und ihre Zähne klapperten vor Kälte und Schmerz.

Bitte, bitte, lieber Gott, hilf mir! Hilf mir!

Durch die Hecke schimmerte Licht, und sie reckte den Kopf. Dahinter stand ein moderner Bungalow mit hell erleuchteten Fenstern.

Da ist jemand, dachte Sarah, Hoffnung stieg in ihr auf. *Wenn ich es bis zur Hecke schaffe, kann ich auf mich aufmerksam machen. Schreien.*

Schneebälle gegen die Scheibe werfen. Irgendwas. Jemand muss mir helfen.

Sie sammelte alle Kraft und kroch weiter.

War er jetzt in die richtige Sackgasse abgebogen?

Kai kam es vor, als wäre er aus der Zeit gefallen und in einer anderen Welt gelandet. Der Schnee hatte alles zugedeckt, die Sträucher in bucklige Tierwesen verwandelt, die sich in der samtigen Dunkelheit bereit zum Sprung machten. Es war kaum mehr etwas zu hören, aller Lärm wurde verschluckt von der weißen Masse.

Verträumt beobachtete er die Flocken, die wie Motten im Schein der Straßenlampen tanzten. Er legte den Kopf in den Nacken, streckte die Zunge heraus, und kühl und tröstend legte sich eine Flocke darauf. Er zuckte zusammen, als ein Auto im Schritttempo mit hektisch wedelnden Scheibenwischern an ihm vorbeifuhr.

Da fiel es ihm wieder ein. Er musste sich kümmern. Um Elodie, das Baby und die Mama.

Den Geldbeutel holen. Einkaufen.

Müde ging er weiter.

Als Kai an der Einfahrt ankam, sah er, dass nur im ersten Stock im Schlafzimmer ein Licht brannte. Vanessas Zimmer. Und, dass das Fenster sperrangelweit offen stand.

Was zum Teufel soll das? Hat sie etwa...

Erschrocken rannte er auf das Haus zu und nahm aus dem Augenwinkel eine Bewegung wahr. Ein Tier, ein großes Tier kroch auf die Hecke zu. Wie angewurzelt blieb er stehen und erkannte, was das war.

Sie versuchte zu fliehen. Wollte ihr Kind im Stich lassen!

Rasend vor Wut rannte er zu ihr, packte sie am Kragen und prügelte auf sie ein.

Sarah wollte schreien, doch er riss ihren Kopf zu sich, und ihre Nasenspitzen berührten sich fast.

„Wenn du einen Ton von dir gibst, bist du tot“, flüsterte er. „Und deine Tochter auch. Hast du verstanden?“

Sarah nickte hastig, blanke Angst spiegelte sich in ihrem Gesicht, das bereits anschwoll von den Schlägen.

„Gut. Steh auf.“

„Ich … ich kann nicht“, stöhnte Sarah. „Ich habe mir das Schienbein gebrochen.“

Kais Augen verengten sich, er glaubte ihr nicht. „Steh auf, mach kein Theater.“

Sarah brach in Tränen aus. „Bitte, ich kann wirklich nicht.“

Er packte sie am Arm und schleifte sie wie einen Sack hinter sich her durch den Schnee.

Sarah wehrte sich nicht, es war sowieso sinnlos. Der warme Lichtschein hinter der Hecke verschwand, und sie fühlte sich so hilflos und ausgeliefert wie niemals zuvor. Die Angst um Leni war kaum mehr zu ertragen.

Kai redete ununterbrochen vor sich her. Sarah konnte nicht verstehen, was er sagte, doch es klang schrecklich zornig.

Was hatte er vor? Sie überlegte fieberhaft, was sie zu ihm sagen könnte. Dass sie gar nicht vorgehabt hatte zu fliehen, sondern aus dem Fenster gefallen war? Er würde das niemals glauben.

Sarah erschrak, als Kai ihren Arm plötzlich fallen ließ. Sie lag vor dem Schuppen, an dem sie eben noch vorbeigekrochen war. Sie stützte sich auf die Ellenbogen und sah ihm verängstigt zu, wie er einen Schlüsselbund aus der Jackentasche zog und sich am Vorhängeschloss zu schaffen machte.

„Kai?“, fragte sie nervös. „Was … was hast du vor?“

Doch eigentlich wusste sie es. Er würde sie nicht zurück ins Haus bringen. Zu Leni! Er wollte sie hier einsperren!

„Halt dein Maul“, fauchte er und riss die Tür auf.

„Bitte, bitte, Kai, lass mich doch …“

Er schlug ihr erneut ins Gesicht und zerrte sie hinein.

Es war so kalt wie draußen. Und so finster, dass Sarah nur vage Umrisse erkennen konnte.

Doch das war eindeutig ein Mensch. Da saß eine Frau auf einem Gartenstuhl. Ihr Kopf hing nach unten.

Sie war tot.

Sarah begann zu kreischen. Doch noch in der gleichen Sekunde bekam sie einen heftigen Schlag auf den Hinterkopf und verlor das Bewusstsein.

„Soll ich dir nicht doch besser helfen?“, fragte Maria.

Sie stand oben an der Kellertreppe und blickte besorgt nach unten. Ein Rumpeln, gefolgt von einem lauten Krachen, hatte sie in der Küche aufgeschreckt.

„Nein! Du bleibst da oben, hast du gehört?“ rief Karl genervt.

„Hast du dir wehgetan?“, fragte Maria besorgt.

Die Antwort war ein lautes Husten.

Maria konnte sich gut vorstellen, wie es da unten aussah. In dem Raum, der vollgestellt war mit Kisten und Schachteln. All den Dingen, die sie damals zurückgelassen hatten, als sie ausgewandert waren. Von denen sie gedacht hatten, sie sich bei Gelegenheit nachsenden zu lassen. Und die bis jetzt in Vergessenheit geraten waren.

Doch Maria war die Lichterkette in den Sinn gekommen, die sich jetzt doch wunderhübsch an der verschneiten Tanne im Garten machen würde. Natürlich hatte Karl sich zuerst gesträubt, danach zu suchen. Doch sie hatte ihm versichert, dass die Kiste gut beschriftet sei und ganz sicher irgendwo vorne stehen würde. Weil er nicht wollte, dass sie selbst in den Keller ging, hatte er sich schließlich maulend der Sache angenommen.

Und jetzt war er schon eine halbe Ewigkeit da unten und ganz offensichtlich hochgradig gereizt.

„Habe ich dir eigentlich schon gesagt, was ich heute Schönes koche?“, fragte sie in der Hoffnung, ihn milder zu stimmen.

„Natürlich, ich war ja schließlich einkaufen“, rief Karl, und es klang eine Spur freundlicher. „Wehe dir, wenn dir die Fleischrouladen misslingen!“

Das könnte durchaus der Fall werden. Maria runzelte die Stirn. Es musste Jahre her sein, seit sie die das letzte Mal zubereitet hatte. Bei über dreißig Grad hatte ihnen danach nie der Sinn gestanden.

Sie überlegte, ob sich in all den Kisten im Keller vielleicht noch ihr altes Rezeptbuch finden würde und ob sie Karl bitten konnte, es zu suchen. Wohl besser nicht, und sie würde das auch so hin…

Friedrich tauchte wie aus dem Nichts wild kläffend neben ihr auf, und vor Schreck wäre sie fast die Treppe hinuntergestürzt.

Maria hielt sich mit einer Hand am Türrahmen fest und drückte sich die andere auf die Brust.

„Ja, bist du völlig von Sinnen?“ Ihr Herz klopfte heftig. „Wie kannst du nur dein Frauchen dermaßen erschrecken?“

Der Hund tanzte wie ein kleiner Derwisch um ihre Beine und hörte nicht auf zu bellen.

„Was ist denn da oben los?“, brüllte Karl.

„Nichts, alles gut“, versuchte sie ihn zu beruhigen. „Ich denke, Friedrich hat Hunger.“

Sie bückte sich und klemmte sich den strampelnden Hund unter den Arm. „Sch, sch, Ruhe jetzt! Herrchen ist schon gereizt genug.“

Friedrich schwieg und blickte sie irritiert an. Er verstand nicht, wieso niemand auf ihn hören wollte. Denn da draußen ging etwas vor sich, und er wollte dahin. Alle sollten dahin!

„Komm, jetzt bekommst du was ganz Feines“, säuselte Maria und kraulte ihm die Stirn.

Das ließ Friedrich auf der Stelle vergessen, was er mit seinem feinen Gehör wahrgenommen hatte, und seine Rute begann wild zu wedeln.

„Wenn ich immer so einen Radau veranstalten würde, wenn ich Hunger habe, würden hier die Wände wackeln!“, rief Karl von unten.

Doch das konnten die beiden schon nicht mehr hören.

Ein heftig pulsierender Schmerz raste wie ein Stromstoß durch ihren Körper, und Sarah riss die Augen auf.

Sie lag auf dem Bauch, die Hände hinter dem Rücken gefesselt. Kai drückte ihr das Knie ins Kreuz, während er ihr die Beine zusammenschnürte. Es fühlte sich an, als würde sich der Knochen des gebrochenen Schienbeins durch die Haut bohren. Sarah wollte schreien.

Doch Kai hatte ihr etwas in den Mund gestopft. Einen alten Fetzen Stoff, der einen abscheulichen Geschmack hatte. Nach Moder und einem Lösungsmittel. Der Schweiß drang ihr aus allen Poren, als sie mit aller Macht den aufsteigenden Würgereiz zu unterdrücken versuchte.

Denn sonst würde sie an ihrem eigenen Erbrochenen ersticken.

Sie gab flehende Laute von sich.

„Das hast du dir selbst zuzuschreiben“, sagte Kai wütend und setzte sich neben sie auf den Boden. „Du hast alles kaputtgemacht mit deinem Egoismus.“

Sarah konnte sein Gesicht im Zwielicht kaum sehen. Es schwebte wie ein fahler Mond über ihr. Zwei dunkle Löcher starrten sie an, und panisch versuchte sie den Lappen auszuspucken.

Bitte, bitte, ich muss mit ihm reden, er muss mich anhören, bitte!

Kai streckte die Beine aus und stützte sich auf seine Hände. „Konntest du dich schon umsehen? Du bist in guter Gesellschaft. Ihr seid doch wirklich alle gleich.“ Er schüttelte den Kopf. „Ich begreife nicht, wieso ihr überhaupt Kinder auf die Welt bringt. Sie sind euch doch scheißegal, kaum sind sie da. Ihr denkt nur an euch und lasst sie im Stich."

Sarah schüttelte wild den Kopf und stöhnte laut.

„Was?", fragte Kai. „Willst du das etwa abstreiten? Du bist einfach abgehauen, und was dann mit Leni passiert wäre, war dir vollkommen egal. Dabei hättest du nur für kurze Zeit mal an deine Tochter denken müssen und einfach tun, was ich dir gesagt habe. Aber nein …"

Er stand auf und klopfte sich den Staub von der Hose. „Nun, es spielt keine Rolle mehr. Du hattest deine Chance. Elodie und ich verschwinden jetzt. Vielleicht hast du ja mehr Glück, als du verdienst, und jemand findet dich, bevor …"

Er stockte und rieb sich den Schädel, als würde er von heftigen Kopfschmerzen gequält.

Sarah stöhnte und wimmerte, wand sich wie ein Wurm, doch er schien sie bereits vergessen zu haben.

Abrupt drehte er sich um und zog die Tür hinter sich zu.

Sarah hörte das Knirschen unter seinen Schuhsohlen, als er zurück ins Haus lief.

Leni! Oh mein Gott, Leni!

Kai warf einen Blick in das Bettchen. Das Baby schlief tief und fest. Ein unschuldiges Wesen, das keine Ahnung davon hatte, dass seine Rabenmutter es im Stich gelassen hatte.

„Was ist passiert?“, fragte Elodie. Ihre Stimme klang müde und schwach.

„Sie hat versucht abzuhauen, und es ist besser, wenn wir jetzt gleich verschwinden. Das Geld muss fürs Erste reichen.“

„Ich kann nicht.“

„Doch, du kannst. Ich weiß, es geht dir nicht gut, aber ich kann dich bis zum Auto tragen. Dann kannst du weiterschlafen. Wir werden sehr lange unterwegs sein.“

„Ich will nicht. Lass mich einfach hier.“

Kai schüttelte wütend den Kopf. „Hör auf! Ich gehe nicht ohne dich. Wir bleiben zusammen. Wozu habe ich das denn alles getan? Für dich! Für uns! Unsere Zukunft.“

„Ich wollte nie, dass solche Dinge passieren. Dass du jemandem wehtust.“

„Sie sind doch selbst schuld!“, brüllte Kai. „Genauso wie Vanessa, sie haben nichts Besseres verdient.“

Als Elodie nicht antwortete, drehte er sich um und schob die Tür auf.

„Ich packe jetzt für uns, du musst dich um nichts kümmern, ich schaffe das allein.“

Mit gesenktem Kopf wartete er auf ein Wort von ihr, doch Elodie schwieg. Und es fühlte sich an, als hätte sie ihn geschlagen.

Ihr Gesicht ruhte auf dem kalten Boden, spitze Steinchen bohrten sich ihr in die Wange, und die Schmerzen im Bein hatten sich in ein glühendes Feuer verwandelt.

Doch sie würde nicht aufgeben!

Sarah wälzte sich auf den Rücken. Ihre Schulter streifte den Fuß der Toten, doch es war unwichtig. Die Frau lebte nicht mehr, und eigentlich hätte sie endgültig die Fassung verlieren müssen, weil sie hier mit einer Leiche eingesperrt war, doch dafür war kein Platz. Sie konnte nur an Leni denken.

Was hatten die beiden mit ihr vor? Würden sie ihre Drohung wahr machen und Leni etwas antun? Mit ihr irgendwohin verschwinden, wo sie ihre Tochter niemals wiederfinden konnte?

Sarah richtete sich mühevoll auf und lehnte sich an den Gartenstuhl. Noch immer gelang es ihr nicht, den widerlichen Klumpen im Mund auszuspucken. Er schien sich weiter auszudehnen, und wenn sie ihn nicht bald loswerden konnte, würde sie daran ersticken. Mit klammen Fingern tastete sie nach der Schnur, mit der ihre Hände auf dem Rücken gefesselt waren. Sie war so eng zusammengezogen, dass sie bei jeder Bewegung tief ins Fleisch schnitt, und Sarah bekam keinen Anfang und kein Ende zu fassen, an dem sie hätte ziehen können.

Ich muss irgendetwas auftreiben, womit ich sie aufschneiden oder wenigstens lockern kann!

Sarah kniff die Augen zusammen und sah sich um. Es war nicht viel zu erkennen. Da drüben, das war wohl ein Werkzeugtisch. Vielleicht lag darauf etwas, das sie gebrauchen könnte. Aufzustehen war unmöglich, aber vielleicht konnte sie mit der Schulter so lange an dem Tisch rütteln, bis etwas herunterfiel.

Sarah stützte sich mit den Händen hinter dem Rücken ab, streckte die Beine in die Luft und rutschte vorsichtig auf dem Hintern vorwärts. Ihre Bauchmuskeln zitterten vor Anstrengung, und für eine Sekunde kam ihr in den Sinn, dass sie längst vorgehabt hatte, wieder ins Fitnessstudio zu gehen, um all die Muskeln wieder auf Vordermann zu bringen, die während der Schwangerschaft gelitten hatten.

Bisher hatte Sarah die Kälte nur vage wahrgenommen, doch nun spürte sie, wie sie unerbittlich trotz der Anstrengungen in ihre Glieder kroch.

Entkräftet ließ sie die Beine behutsam wieder sinken, als sie den Tisch erreicht hatte. Darunter lag eine Plane. In der Hoffnung etwas zu finden, zupfte sie mit den Fingern an einem losen Ende und tastete herum.

Eine Hand.

Sarah begann vor Entsetzen zu schluchzen, und der Fetzen im Mund sog sich mit ihrem Speichel voll.

„Dann wollen wir doch mal schauen, ob du nichts verlernt hast“, sagte Karl und schnupperte an dem Fleischstück auf seiner Gabel. „Riecht schon mal gut.“

„Und?“, fragte Maria und sah ihm erwartungsvoll zu, wie er darauf herumkaute.

„Hm, na ja, geht so“, erwiderte Karl.

„Wie bitte?“

Karls Gesicht verzog sich zu einem breiten Grinsen, dann lachte er lauthals. „Das war doch nur Spaß! Es schmeckt einfach göttlich! Wieso hat es eigentlich so lange gedauert, bis das wieder mal auf meinem Teller landet?“

„Nun ja“, sagte Maria. „Es lag sicher daran, dass …“

Der Dackel, der bis dahin ruhig unter dem Tisch gedöst hatte, begann zu bellen. Es klang geradezu hysterisch und hatte nichts mit der Bettelei um ein Häppchen zu tun.

„Was ist bloß heute mit dem Hund los?“, wunderte sich Maria. „Es kann doch nicht sein, dass er schon wieder raus muss.“

„Keine Ahnung“, erwiderte Karl, der sich Nachschlag schöpfte. „Vielleicht macht ihn die Lichterkette nervös.“

Sie lag nun ausgebreitet vor dem Fenster auf dem Terrassenboden, nachdem Karl mit mühseliger Fummelei sämtliche Knoten entwirrt hatte. Und um zu verhindern, dass er morgen womöglich umsonst auf die Leiter stieg, um sie um die Tanne zu wickeln, hatte er die Girlande versuchshalber eingeschaltet. Die Lämpchen funktionierten tadellos, und Maria war so entzückt gewesen, dass er sie hatte brennen lassen.

„Wenn du mich fragst“, sagte Karl mit vollen Backen kauend, „ist es gar nicht nötig, sie noch extra aufzuhängen. Sieht doch auch so hübsch aus.“

Maria schüttelte seufzend den Kopf.

Männer!

Kai

Würden zwei Koffer reichen?

Kai blickte sich ratlos im Zimmer um. Was sollte er einpacken? Er riss Schränke und Schubladen auf und warf wahllos Kleidungsstücke und Unterwäsche aufs Bett. Er weinte vor Erschöpfung, es war zu viel. Er war am Ende seiner Kräfte und wusste nicht mehr weiter.

Vanessa, Anna, Sarah, Leni. Ihre Gesichter schoben sich vor seine Augen. Sie wühlten sich durch sein Denken und zerrten ihn aus dem Hier und Jetzt.

Er warf sich aufs Bett und vergrub das Gesicht in dem wirren Haufen.

Ich muss mich beruhigen, einen klaren Kopf behalten.

Er versuchte, sich zu fassen, das Gedankenkarussell zu stoppen, und nahm ein Shirt in die Hand.

Es war kalt, im Norden würde es noch einige Grad kälter sein. Und der Winter hatte erst begonnen. Also war das meiste von dem ganzen Zeug sowieso unbrauchbar. Wichtig war das Geld.

Er raffte sich auf, öffnete eine Schublade und stopfte den größten Teil der Scheine in seinen Rucksack, den er keine Sekunde aus den Augen lassen würde.

Über zweitausend schob er in die Taschen seiner Jacke und zog die Reißverschlüsse zu. Geld, das sie brauchen würden, um in einer Absteige ein Zimmer zu bezahlen, in der man nicht nach einem Ausweis fragte. Für die Überfahrt mit der Fähre und vielleicht auch, um jemanden zu bestechen, damit keine Fragen gestellt wurden. Mit einem Bündel Scheine ließen sich die meisten Dinge regeln.

Dass er noch keinen Führerschein besaß und eigentlich nur in Begleitung eines Erwachsenen fahren durfte, war seine geringste Sorge. Der Wetterbericht für die nächsten Tagen sagte weitere heftige Schneefälle voraus. Die Polizei war jetzt schon genügend damit beschäftigt, sich um die ganzen Unfälle und Staus zu kümmern. Die Wahrscheinlichkeit, in eine Kontrolle zu geraten, war gering.

Alles würde gut gehen, und sie konnten die Vergangenheit hinter sich lassen.

Doch er fühlte sich schrecklich. Die bittere Trauer, die er bis in die letzte Faser seines Körpers spürte, war kaum zu ertragen.

Elodie wollte nicht mitkommen. Der Gedanke, sie zurückzulassen, war unvorstellbar, ein Leben ohne sie undenkbar.

Er wischte sich über die Wangen.

Sobald ich alles gepackt habe, fahren wir los, dachte er entschlossen. *Sie kommt mit, und wenn ich sie dazu zwingen muss! Irgendwann wird sie einsehen, dass es richtig war.*

Sarah hörte, wie sich draußen jemand dem Auto näherte, und kurz darauf das Schlagen einer Tür.

Sie fahren weg! Nein! Nein, bitte! Leni!

Eine säuerliche Brühe stieg aus ihrem Magen auf, und im letzten Moment, bevor sie sich erbrach, gelang es ihr, den Knebel auszuspucken.

Sie hatte den ganzen Tag nichts gegessen, und zurück blieb nur ein trockenes Würgen. Sie hob den Kopf und lauschte. Gefasst darauf, dass nun der Motor ansprang und alles vorbei wäre. Doch dann fiel die Haustür wieder ins Schloss.

Sie hatte noch eine letzte Chance!

Sarah begann laut zu schreien.

Kai setzte sich zu seiner Schwester. „Ich habe alles ins Auto geladen, wir können los."

„Was ist mit Leni?"

Kai blickte in das Bettchen. „Sie schläft immer noch tief und fest." Eine Sekunde kam sie ihm leblos vor wie eine Spielzeugpuppe, doch dann schmatzte sie leise.

„Das meinte ich nicht", sagte Elodie. „Was soll mit ihr geschehen?"

„Wir können sie nicht mitnehmen, das geht nicht."

„Sie wird sterben. Bis man sie findet, ist es längst zu spät."

Diesen Gedanken hatte er bis jetzt mit aller Macht verdrängt.

„Kannst du damit wirklich weiterleben?", fragte Elodie. „Mit der Schuld am Tod eines kleinen Mädchens? Ich kann es nicht."

„Wenn wir genügend Vorsprung haben, rufen wir von unterwegs an, damit man sich um sie kümmert."

„Sei vernünftig, Kai, das ist Wahnsinn, das dürfen wir nicht tun. Leni ist doch noch ein Baby."

Als hätte das Kind auf seinen Namen reagiert, regte es sich.

Kai sprang vom Stuhl und hämmerte sich mit der flachen Hand gegen die Stirn. „Dann sag mir doch, was ich tun soll!“, schrie er. „Was? Was?“

„Aufhören“, erwiderte Elodie sanft. „Einsehen, dass es jetzt vorbei ist. Dass es keinen Sinn mehr hat, die Augen vor dem zu verschließen, was geschehen ist. Es hätte nie so weit kommen dürfen.“

„Schluss! Sei still, wir gehen jetzt.“ Kai beugte sich zu Elodie, legte die Arme um sie und versuchte, sie hochzuheben.

Sie ließ es geschehen, doch sie half ihm nicht. Sie war so schwer. Seine Armmuskeln zitterten vor Anstrengung.

„Steh auf“, flehte er. „Bitte, Elodie, steh doch auf.“

„Lass mich los, Kai.“

Friedrich

Der Dackel kläffte und scharrte wie besessen an der Haustür.

„Ja doch, ja doch“, versuchte Karl ihn zu beruhigen, während er mit seiner Jacke kämpfte. „Gleich kannst du raus.“

Nachdem Friedrich bewiesen hatte, dass er jede Gelegenheit nutzen würde, um abzuhauen, durfte er nicht mehr ohne Leine ins Freie. Karl stülpte ihm das Halsband über den Kopf und befestigte die Flexleine daran.

„So, startklar.“ Karl öffnete die Tür. Draußen wurde er von einem eisigen Wind empfangen und schlug den Jackenkragen hoch.

„Beeil dich bitte, junger Mann“, sagte er und folgte dem Hund, der in erstaunlichem Tempo durch den frisch gefallenen Schnee Richtung Straße hüpfte. Karl kam ihm kaum hinterher, und die Leine rollte bis zum Anschlag aus.

Was hat er nur?, fragte sich Karl. *Ist er etwa krank?*

Der Hund hatte aufgehört zu kläffen, stattdessen winselte er jetzt in den höchsten Tönen.

„Wo willst du denn hin?“, fragte Karl, als sie den Gehsteig erreichten. „Nun mach endlich dein Geschäft, für eine größere Runde bin ich nicht ausgerüstet.“

Doch Friedrich hörte nicht auf ihn, zerrte japsend an der Leine und scharrte mit allen Pfoten, als versuche er, über den Schnee zu schwimmen.

Er würde sich noch selbst strangulieren, also gab Karl nach und lief ihm hinterher.

„Nicht da rein, vergiss es!“, befahl er, als der Hund in den Garten der Wagners wollte.

Friedrich setzte sich hechelnd hin und sah vorwurfsvoll zu ihm auf.

Da hörte Karl Hilferufe. Die Schreie einer Frau.

Vanessa? Elodie? Himmel, was ist denn da passiert?

Er rannte los, geriet nach ein paar Metern ins Rutschen und legte sich der Länge nach hin. Die Leine fiel ihm aus der Hand, und Friedrich sauste davon.

Er rannte zum Schuppen, denn von da kamen die Schreie. Karl rappelte sich auf und stapfte eilig über den verschneiten Rasen. Friedrich wartete schwanzwedelnd vor der Tür.

„Hallo?“, rief Karl und versuchte, durch eine Ritze ins Innere zu spähen. „Wer ist da drin?“

Er bekam eine Gänsehaut, als jemand laut schrie.

„Oh, Gott sei Dank, helfen Sie mir! Holen Sie mich hier raus!“

Am Türriegel hing ein Vorhängeschloss, doch es war offen, und so konnte Karl es einfach herausheben. Er öffnete die Tür und spähte in die Dunkelheit.

Und nun war er unendlich dankbar, dass Maria darauf bestand, dass er niemals ohne sein Handy aus dem Haus ging.

„Stell dir doch nur mal vor“, hatte sie gesagt und dabei ziemlich dramatisch geklungen, „wenn du beim Gassigehen irgendwo im Wald hinfällst und nicht mehr aufstehen kannst? Wie soll man dich denn da finden?“

Karl schaltete das Handylicht ein, betrat den Schuppen und ließ den Strahl durch den Raum gleiten. Im ersten Moment kam es ihm so vor, als sei er in einer billigen Kulisse eines Horrorfilms gelandet.

Eine Schaufensterpuppe, die in einer unnatürlichen Haltung auf einem Gartenstuhl saß. Fingerspitzen, die unter einer Plane hervorragten, an denen der Hund mit eingezogenem Schwanz schnupperte.

Und auf dem Boden vor der Werkbank eine Frau, die ihn mit Tränen überströmtem Gesicht anflehte.

„Machen Sie schnell, binden Sie mich los! Ich muss verhindern, dass sie mit meiner Tochter wegfahren!“

Karls Gedanken wirbelten wild durcheinander. Das konnte doch jetzt nicht wahr sein. Was war das hier?

Friedrich stemmte seine Vorderpfoten auf die Schulter der Frau und leckte ihr schwanzwedelnd übers Gesicht. Karl fasste sich und gab sich einen Ruck. Was immer das zu bedeuten hatte, würde sich hoffentlich schnell klären, doch zuallererst musste er sich um die Frau kümmern.

Er kniete sich neben sie und wollte ihr helfen aufzustehen. Erst da bemerkte er, dass man sie verschnürt hatte wie ein Paket.

„Schnell, beeilen Sie sich!“

„Moment, das haben wir gleich“, sagte er, leuchtete über die Wand und nahm eine Rosenschere vom Haken. „Damit sollte es gehen.“

Er hob ihre Beine an, um die Schnur durchzutrennen, aber die Frau stieß einen Schmerzensschrei aus. Karl hielt erschrocken inne und sah, dass ihr rechtes Bein vom Knie abwärts dick geschwollen war.

„Was zur Hölle ist hier nur los? Wer sind Sie?“, fragte er verstört, während er vorsichtig die Fesselung löst.

„Sarah“, schluchzte die Frau. „Bitte, beeilen Sie sich, ich erkläre Ihnen alles später. Wir müssen Leni suchen, sie werden ihr womöglich etwas antun oder mit ihr abhauen.“

„Wer? Wer will wem was antun? Ich verstehe nicht.“ Karl war inzwischen davon überzeugt, dass er jeden Moment neben Maria in seinem Bett aufwachen – und alles auf den Konsum von zu viel Rotwein schieben würde. Und was Sarah nun sagte, klang noch viel verrückter.

„Kai und seine Schwester haben mein Baby entführt, und ich habe nicht getan, was sie verlangt haben … ich musste es doch wenigstens versuchen! Doch jetzt werden sie … Oh Gott! Ich musste etwas tun! Ich wollte mein Kind wiederhaben!“ Der Rest ging in einem heftigen Schluchzen unter, und Friedrich begann zu winseln.

„Beugen Sie sich vor, damit ich Ihre Hände freibekomme“, sagte Karl.

Was Sarah erzählte, ergab überhaupt keinen Sinn. Kai? Elodie? Die beiden sollten zu so etwas fähig sein? Das waren fast noch Kinder! Karl konnte das nicht glauben, doch als er die Klingen vorsichtig zwischen die Handgelenke und die

Schnur schob, dämmerte ihm die grausige Realität.

Das war keine Schaufensterpuppe da drüben auf dem Stuhl! Und die Finger, die nur ein paar Zentimeter entfernt unter der Plane hervorlugten, gehörten auch zu einem menschlichen Wesen! Ihm wurde übel.

„Ich begreife das alles nicht“, murmelte er gänzlich durcheinander, während er die Klingen der Schere zudrückte. „Wir sind Nachbarn, ich kenne die Familie seit vielen Jahren, und ich kann mir einfach nicht vorstellen …“ Plötzlich fiel ihm ein, wie seltsam sich der Junge verhalten hatte. Wie er darüber nachgedacht hatte, dass Kai womöglich unter Drogeneinfluss stand, als er ihn so brüsk abgewiesen hatte. Und im Grunde wusste er nach so vielen Jahren doch gar nichts mehr über die Familie.

Endlich hatte er sie losgebunden, und Sarah versuchte vergeblich, sich an der Kante der Werkbank hochzuziehen. Karl schlang ihr die Arme um die Hüfte und half ihr auf. Sie schlotterte vor Schmerz und Kälte.

„Schnell jetzt“!, keuchte sie. „Wir müssen sie aufhalten!“

„Soll ich nicht zuerst die Polizei rufen und einen Krankenwagen?“

Sarah schüttelte den Kopf. „Nein, später, los jetzt! Sie müssen mich stützen!“

Auf einem Bein hüpfte sie auf ihn gestützt durch den Schnee. Karl hatte Mühe, sie beide aufrecht zu halten, und wünschte sich, er wäre mindestens zwanzig Jahre jünger.

Friedrich trippelte fröhlich voran und schleppte die Leine hinter sich her.

Karl starte einen Versuch, obwohl er sich nicht viel Hoffnung machte. „Lauf nach Hause, Friedrich, such Frauchen!“, keuchte er unter der Last von Sarahs Gewicht. „Such! Such!“

Sinnlos. Friedrich dachte nicht im Traum daran. Einen Besuch abzustatten kam ihm spannender vor.

Sarah konnte sich kaum mehr im Gleichgewicht halten, doch sie hüpfte verbissen weiter. Sie gerieten ins Taumeln, und dann geschah das, was Karl befürchtet hatten. Sie stürzten.

„Maria!“, brüllte Karl, auf dem Bauch liegend. „Maria, wir brauchen hier Hilfe!“

Es war zwecklos. Seine Frau konnte ihn nicht hören, also blieb ihm nichts anderes übrig, als wieder aufzustehen, den Schmerz in seinem Knie zu ignorieren und Sarah aufzuhelfen. Er war schweißgebadet, als sie endlich vor der Haustür standen.

„Schluss jetzt!“, stöhnte er nach Luft ringend. „Ich rufe die Polizei.“

Sarah hatte schon die Hand auf der Klinke, sie würde keine Sekunde warten.

Karl sank das Herz, als er bemerkte, dass ihm das Handy beim Sturz wohl aus der Tasche gefallen war.

Die Haustür war unverschlossen und Sarah nicht aufzuhalten. Sie würde gleich wieder hinfallen, also packte er seufzend ihren Arm und legte ihn sich erneut um die Schulter. Gemeinsam betraten sie das Haus.

Karl hoffte immer noch, dass gleich sein Wecker scheppern würde.

Wo ist Leni?

Im Haus war nichts zu hören. Es wirkte verlassen.

„Hallo? Vanessa? Kai?“, rief Karl in die Stille. „Ich bin‘s, Karl Beck! Wir kommen jetzt rein!“

Das war gelogen, denn drin waren sie ja schon, und Karl kamen Zweifel, ob das eine gute Idee gewesen war, sich bemerkbar zu machen.

Sarah ließ ihn einfach stehen und hüpfte ins Wohnzimmer. Karl folgte ihr nervös, doch es war niemand da.

Abgesehen von dem Staub, der überall lag, sah es noch genauso aus, wie er es in Erinnerung hatte.

Sarah blieb wie angewurzelt stehen, und er folgte ihrem Blick.

Vanessas Porträt, das damals ein angesagter junger Künstler gemalt hatte, hing schief an der Wand. Ihre Augen waren ausgekratzt und die Leinwand mit Farbe verschmiert. Schockiert trat er näher, um auf dem unteren Bildrand die krakeligen Buchstaben zu entziffern.

Kindsmörderin.

Wir hassen dich!

Du hast den Tod verdient!

„Begreifen Sie es jetzt?“, fragte Sarah. „Die beiden sind völlig gestört!“

Sie wartete nicht auf eine Antwort und hüpfte mit rudernden Armen in die Küche. Karl folgte ihr wie vor den Kopf geschlagen.

In der Küche herrschte Chaos. Schmutziges Geschirr stapelte sich in der Spüle und auf dem Tisch. Der Mülleimer quoll über, leere Dosen und Flaschen lagen auf dem Boden, und die meisten der Schranktüren und Schubladen standen weit offen.

„Wir müssen nach oben“, sagte Sarah und griff sich ein Messer aus der Spüle. Bevor Karl sich fassen konnte, war sie schon wieder an ihm vorbei und an der Treppe.

„Warten Sie“, rief er aufgeregt. „Hier ist ein Telefon.“ Hastig nahm er den Hörer auf. Jetzt war dringend Hilfe nötig. Er wollte sich gar nicht ausmalen, was Sarah mit dem Messer anrichten könnte.

Das Telefon funktionierte nicht, und Karl bückte sich. Die Dose war so gewaltsam aus der Wand gerissen worden, dass der Putz abgebröckelt war.

Das kann doch alles nicht wahr sein, dachte er und hätte beinah hysterisch aufgelacht. Doch er riss sich zusammen und eilte zu Sarah, die sich am

Geländer hochzog und schon fast oben angelangt war.

„Bitte geben Sie mir das Messer“, bat er, als sie im Flur die erste Tür erreichten. „Wir wollen doch nicht, dass etwas Schlimmes passiert.“

„Schlimmes passiert?“, fauchte Sarah. „Haben Sie denn die Leichen im Schuppen nicht gesehen? Die beiden sind verrückt und schrecken vor nichts zurück! Begreifen Sie nicht, dass ich alles tun muss und tun werde, um mein Kind zurückzubekommen?“

Karl hatte mal im Fernsehen gesehen, wie eine Löwin ihre Jungen verteidigt hatte. Und genauso kam Sarah ihm jetzt vor. Das Gesicht verzerrt, die Zähne gebleckt, riss sie die Tür auf. Zu allem bereit.

Das war wohl Elodies Zimmer. Auch hier herrschte das blanke Chaos. Aufgerissene Schränke, Kleidung und Schuhe lagen überall verstreut, als wäre ein Wirbelsturm hindurchgefegt.

Das nächste Zimmer war verschlossen, und der Schlüssel steckte von außen. Als sie eintraten, empfing sie eisige Kälte. Das Fenster stand offen, und Schneeflocken tanzten herein wie fröhliche Besucher.

„Hier war ich eingesperrt“, stöhnte Sarah und drehte sich um. Ihr Gesicht war unnatürlich gerötet.

Karl konnte sehen, dass sie die Schmerzen kaum mehr aushielt und die Kräfte sie zu verlassen drohten. Er packte sie und schleppte sie mit sich zur nächsten Tür.

Es gab insgesamt fünf Zimmer, doch alle waren leer.

Sarah brach in Tränen aus und klammerte sich an ihn. „Leni! Oh Gott, wo haben sie sie nur versteckt? Lebt sie überhaupt noch?“

Karl suchte nach tröstenden Worten, doch da begann Friedrich zu kläffen. Er hatte den Hund zwischenzeitlich ganz vergessen, kein Wunder, bei der ganzen Aufregung.

„Das kommt von unten“, sagte er. „Ich glaube, er treibt sich im Keller herum.“

„Im Keller!“ Sarah fasste neuen Mut. „Ja, natürlich, bestimmt ist Leni da unten! Sie muss einfach da sein! Sie muss!“

Etwas rumorte in Maria, und das waren nicht die Fleischrouladen. Die beiden waren jetzt schon ziemlich lange draußen.

Maria stellte das Weinglas ab, ging zum Fenster und sah hinaus in den Garten. Es schneite noch immer, und die Äste der alten Tanne bogen sich unter der Last bedenklich nach unten. Doch keine Spur von ihnen.

Sie ging in den Flur und sah, dass Karls dicke Winterjacke noch an der Garderobe hing. Und auch die gefütterten Stiefel mit der festen Sohle standen da. Also war er mal wieder viel zu leicht bekleidet nach draußen gegangen, und da war er jetzt schon über eine halbe Stunde. Er würde sich bestimmt erkälten und ihr nachts im Bett wieder ins Ohr husten.

Verärgert öffnete Maria die Tür und spähte hinaus. Weder Hund noch Herrchen waren zu sehen, und als der Wind die Schneeflocken in den Flur wehte, schloss sie die Tür wieder.

Was für ein Wetter! Ihre Unruhe wuchs.

Vielleicht ist er mit diesen unpassenden Schuhen ausgerutscht? Liegt irgendwo am Straßenrand? Sie eilte zurück ins Wohnzimmer.

Er hatte das Handy mitgenommen, also würde er sich doch melden, wenn etwas passiert wäre.

Und überhaupt!

Maria schüttelte innerlich den Kopf. *Ich mache mir mal wieder viel zu viele Sorgen, nur weil die zwei herumtrödeln. Wahrscheinlich halten sie ganz vergnügt ein Schwätzchen mit alten Bekannten.*

Vielleicht waren es doch nur die Fleischrouladen.

Wieder hinunterzugelangen war eine Qual. Auf halber Treppe wären sie beinah kopfüber gestürzt, hätte Karl nicht im letzten Moment mit der freien Hand das Geländer erwischt.

Und wie viele Stufen führten wohl in den Keller? Karl stöhnte innerlich bei dem Gedanken.

Völlig unerwartet riss sich Sarah von ihm los. „Wo ist mein Kind?“, brüllte sie. „Wo habt ihr Leni versteckt?“

Im Wohnzimmer brannte nur eine Stehlampe, und Karl entdeckte Kai erst auf den zweiten Blick. Der Junge stand reglos da, in der Hand ein dünnes Buch.

Sarah hob das Messer und wollte losstürmen, doch Karl hielt sie zurück.

„Nein, nicht so“, sagte er. „Lassen Sie mich mit ihm reden.“

Sarahs Augen blitzten vor Wut, doch sie blieb stehen.

„Kai, Junge“, sagte Karl mit ruhiger Stimme und ging langsam auf ihn zu. „Was ist denn hier los? Sarah hat mir erzählt, ihr hättet ihr Baby entführt. Stimmt das?“

Kai sah ihn mit ausdruckslosem Gesicht an und rührte sich nicht.

Karl war sich nicht sicher, ob er ihn überhaupt verstanden hatte. Der Junge wirkte desorientiert, und es machte den Eindruck, dass er tatsächlich unter Drogeneinfluss stand. Dass er geistig gar nicht da war.

„Kai …“

„Ich wollte nur das hier schnell holen“, sagte Kai und wedelte mit dem Buch. „Das ist Elodies Tagebuch.“

„Und wo ist deine Schwester?“, fragte Karl sanft und kam ihm noch einen Schritt näher.

„Schon im Auto. Sie ist wahrscheinlich wieder eingeschlafen, es geht ihr nicht gut. Aber bald wird es ihr besser gehen. Wir müssen jetzt los.“

„Nein!“, kreischte Sarah und humpelte auf die beiden zu. „Sag mir, wo mein Kind ist, oder ich bringe dich um!“

Karl schaffte es gerade noch, ihren Arm zu packen, bevor sie zustechen konnte.

„Du warst eine schlechte Mutter!“ Kais Augen funkelten zornig. „Du hast es nicht verdient, eine Tochter zu haben!“

„Schluss jetzt mit dem Unsinn“, brüllte Karl und stemmte die Hände in die Hüften. „Du sagst mir jetzt auf der Stelle, wo Sarahs Kind ist, und dann werden wir vernünftig und ruhig über die Sache reden."

Der Faustschlag ins Gesicht traf ihn so unerwartet, dass Karl nicht reagieren konnte. Er taumelte rückwärts und riss Sarah mit sich zu Boden. Sie schrie vor Schmerz, als er mit seinem ganzen Gewicht auf ihrem Bein landete. So schnell er konnte, rollte er sich auf die Seite.

Kai blickte apathisch auf ihn herab.

„Tut mir leid, Herr Beck", murmelte er. „Das wollte ich nicht, aber wir müssen wirklich los."

Als er an ihnen vorbeigehen wollte, stieß Sarah noch auf dem Boden liegend zu.

Das Messer bohrte sich tief in seinen Oberschenkel, doch Kai gab keinen Laut von sich. Erstaunt blickte er auf den roten Fleck, der sich rasend schnell auf seiner Hose ausbreitete.

„Warum tust du das?", fragte er vorwurfsvoll. Er ließ das Buch fallen und zog das Messer mit einem Ruck heraus.

Er scheint den Schmerz überhaupt nicht zu spüren, dachte Karl fassungslos.

Sarah klammerte sich schreiend am Knöchel des Jungen fest. „Mein Kind! Gib mir Leni wieder!" Ihre Stimme überschlug sich, während sie versuchte, ihn zu Fall zu bringen.

Kai bückte sich und wollte ihre Finger lösen, doch Sarah gab nicht auf. Sie würde eher sterben, als loszulassen.

„Ich sag dir, wo Leni ist, wenn du mich losgelassen hast", sagte Kai. Seine Stimme klang unendlich müde, und sein Blut tropfte über Sarahs Finger.

„Nein", fauchte sie. „Du sagst es mir jetzt!"

„Wir wollten sie doch gar nicht mitnehmen, sie ist noch hier."

„Und wo? Wo ist sie?" Sarah sah blind vor Tränen zu ihm auf.

„Lass los!"

Zögernd gab sie seinen Knöchel frei, und Kai trat einen Schritt zurück.

„Wenn du eine gute Mutter bist, wirst du dein Kind schon finden. Und falls nicht, hast du es nicht anders verdient."

Er zuckte mit den Schultern, drehte sich um und lief davon. Blut schimmerte wie Regentropfen auf dem Parkett.

Schnee

Die Scheibenwischer wedelten auf höchster Stufe über die Frontscheibe, und Kai umklammerte mit vorgebeugtem Kopf das Lenkrad. Er konnte kaum etwas sehen.

Die Umgebung hatte sich in eine fremdartige Welt verwandelt, einen Ort, der nur aus Schnee und Eis zu bestehen schien. Bremslichter tauchten rotäugig vor ihm auf und erstarben hinter weißen Wirbeln.

Er versuchte, sich auf die Straße zu konzentrieren und das Schwindelgefühl zu ignorieren, das ihn beim Anblick der tanzenden Flocken erfasste. Irgendwo da vorne musste die Abzweigung zur Autobahn kommen.

„Ich bin so glücklich, dass du es dir anders überlegt hast", sagte er zu seiner Schwester. „Ich kann mir ein Leben ohne dich nicht vorstellen."

„Du blutest."

„Nicht so schlimm. Wenn wir ein Stück weit gekommen sind, werde ich anhalten und mich darum kümmern."

Es war eine Lüge.

Es war schlimm. Sein Bein fühlte sich an wie ein Stück Holz. Schwer und gefühllos. Und der

Schwindel und die Schwäche, die ihm so zu schaffen machten, rührten nicht von dem Schneetreiben. Doch er durfte jetzt nicht anhalten. Wahrscheinlich suchte schon die Polizei nach ihnen.

Da, endlich! Die Autobahn.

Er stellte den Blinker und gab Gas. Zu seiner Erleichterung hatte vor kurzem ein Schneepflug die Straße einigermaßen geräumt. Doch er merkte, dass die Räder nicht richtig griffen. Der Belag war vereist. Wenigstens gab es nicht viel Verkehr, denn wer konnte, blieb bei dem Wetter zu Hause.

„Geht es Leni gut?"

Kai warf einen Blick in den Rückspiegel. „Ich glaube, dass sie immer noch schläft", sagte er. Seine schweißnassen Hände krampften sich um das Lenkrad.

„Sie muss doch inzwischen schrecklichen Hunger haben."

„Ich kann mich nicht …" Er trat auf die Bremse, als er das Auto bemerkte, das auf dem Pannenstreifen stand. Ein Mann mit einer gelben Weste stand daneben und fuchtelte hektisch mit den Armen.

Was war da los?

Darum konnte er sich nicht kümmern und drückte wieder aufs Gaspedal.

Weiter. Einfach weiter.

Er fühlte sich immer leichter. Fast schwerelos. Mit jedem Kilometer, den sie zurücklegten, lockerte sich der Druck um seinen Brustkorb. Er konnte wieder atmen.

Seine Schwester war bei ihm, und nun würde alles gut werden. Sie waren eins. Schon immer.

Er musste an den Moment denken, als sie im Sandkasten gesessen hatten und einzuordnen versuchten, was ihnen die Haushälterin erzählt hatte. Sie waren damals wohl noch keine sechs Jahre alt gewesen und hatten gerade erfahren, woher die Babys wirklich kamen. Aus dem Bauch der Mamas!

Mit offenen Mündern hatten sie der Frau zugehört. Und Kai hatte fasziniert auf die roten Flecken gestarrt, die auf ihren Wangen erblüht waren, als er sie danach gefragt hatte, wie denn die Babys in die Bäuche gelangen würden. Kai konnte sich nicht mehr an ihre Antwort erinnern. Nur daran, dass sie anschließend lange schweigend im Sand gebuddelt hatten.

„Was glaubst du", hatte ihn Elodie schließlich gefragt und ihr Förmchen mit der Schaufel ausgeklopft. „Ob wir schon im Bauch von Mama miteinander gespielt haben?"

„Klar doch, ganz sicher", hatte er ihm Brustton der Überzeugung gesagt.

Das hatte Elodie zum Kichern gebracht. Und auch er hatte die Vorstellung ziemlich lustig gefunden und gelacht.

„Was ist denn so komisch?“, hatte Vanessa im Vorübergehen gefragt.

Und das hatte sie nur noch mehr erheitert. Sie hatten gelacht, bis ihnen der Bauch wehtat.

So viele Erinnerungen. Wenn es Elodie endlich besser ging, konnten sie sie gemeinsam wieder aufleben lassen.

Farbige Lichter tanzten und zuckten in dem weißen Rauschen vor ihm durch die Luft. Er konnte nicht erkennen, was es war, und wollte den Fuß vom Gaspedal nehmen.

Doch es gelang ihm nicht. Er war schwer wie ein Brocken Eis. Das Bein so gefühllos, als wäre es abgestorben.

Kai blickte auf seine Hose. Sie war wie mit Tinte vollgesogen.

Ein Knall zerriss ihm fast das Trommelfell. Er hörte ein metallisches Knirschen und funkelnde Splitter regneten auf ihn herab.

Dann wurde es ganz still.

„Hallo? Können Sie mich hören? Hallo!“

Eine Männerstimme.

Kai versuchte, die Augen zu öffnen, und spürte Finger, die ihm auf den Hals drückten.

„Bleiben Sie ganz ruhig, es kommt Hilfe. Hallo? Hören Sie mich?“

Kai blinzelte. Er konnte nur eigenartig verzerrte Bruchstücke erkennen. Die Frontscheibe war nicht mehr da. Ein Nummernschild hing direkt vor seinen Augen schief an einer riesigen Stoßstange. Das verbogene Lenkrad drückte ihm die Luft ab, graue Fetzen des Airbags baumelten daran. Der Vorderteil des Autos war begraben unter einem Monster aus Metall.

Ein Lastwagen. Ich bin unter einen Lastwagen geknallt, dachte Kai und wollte schreien. Der Schmerz, der ihm in den Brustkorb schoss, war so gewaltig, dass sein Herzschlag aussetzte.

Elodie!

Mühsam drehte er den Kopf.

Sie saß neben ihm. Ihre Augen waren weit geöffnet, die Lippen so blau, dass sie fast schwarz wirkten, und auf ihrem Gesicht funkelten winzige Eiskristalle.

War das Leni auf ihrem Schoß?

Dunkle Schlieren zogen wie Rauchschwaden durch sein Blickfeld, und er konnte kaum mehr etwas sehen.

Elodie sah ihn an und lächelte.

Er hörte sie flüstern, bevor er zum letzten Mal die Augen schloss.

„Komm, lass uns gehen."

Das Kinderzimmer

Auf der Kellertreppe lag die Leine, und daran hing immer noch das Halsband. Friedrich hatte es mal wieder geschafft, sich daraus zu befreien.

Karl konnte sich keine Gedanken darüber machen, er hatte genug damit zu tun, Sarah heil die Stufen hinunterzubekommen. Auch er war längst am Ende seiner Kräfte. Sie hätten jetzt endlich Hilfe holen sollen, doch Sarah hatte ihm keine Wahl gelassen.

Sie ist noch dickköpfiger als Maria, hatte er seufzend gedacht und nachgegeben.

Sie waren noch nicht ganz unten im Keller angelangt, als sie ein Scheppern hörten.

„Ist noch jemand hier?“, fragte Sarah erschrocken.

„Ja“, sagte Karl. „Und ich kann mir denken, wer. Kommen Sie.“

Und so war es.

Friedrich sauste fröhlich im flackernden Neonlicht durch den Kellerflur und spielte mit einer kleinen Flasche. Begeistert packte er sie am Hals und schlenkerte sie hin und her, bis sie durch die Luft flog und davonrollte. Er jagte hinterher und hatte sichtlich großen Spaß.

„Das ist doch ein Babyfläschchen!“, rief Sarah aufgeregt.

Karl lehnte sie behutsam an die Wand und ging in die Knie. „Bring es her, Friedrich. Gib es Herrchen.“

Der Hund hielt inne und zögerte. Doch dann packte er das Fläschchen mit den Zähnen und kam angetrippelt.

„Brav, braver Junge“, sagte Karl und nahm es ihm ab.

Es war tatsächlich ein Milchfläschchen aus Plastik mit einem Schnuller.

„Wo hast du das her?“, fragte Karl.

Der Dackel hüpfte ein paar Schritte vor und zurück und lauerte aufgeregt darauf, dass Karl ihm die Beute zurückgab. Er winselte frustriert, als sein Herrchen es in der Hosentasche verschwinden ließ, und setzte sich beleidigt hin.

„Ach, Hund, du bist echt keine Hilfe“, seufzte Karl und wandte sich an Sarah. „Wir suchen alles ab, sie muss hier irgendwo sein.“

„Dann los“, erwiderte Sahra und wollte sich wieder auf ihn stützen.

Sie war erschreckend blass und zitterte am ganzen Leib.

„Nein, warten Sie“, sagte Karl. „Sie können sich doch kaum mehr aufrecht halten. Und ich gebe es nur ungern zu, aber ich bin auch nicht mehr der Jüngste und ziemlich am Ende. Deshalb schlage ich vor, dass Sie hierbleiben, während ich nachschaue."

Sarah sah ihn zweifelnd an. Doch dann rutschte sie an der Wand entlang auf den Boden.

„Ja, gut", murmelte sie erschöpft.

Die erste Tür stand einen Spalt breit offen. Karl schob sie auf und tastete nach dem Lichtschalter.

Donnerwetter, dachte er und schnalzte beeindruckt mit der Zunge. *Das nenne ich mal einen Weinkeller!*

Doch er hielt sich nicht weiter damit auf und ging zur nächsten Tür. Eine Waschküche.

Dann ein gähnend leer Raum.

Eine Vorratskammer.

Bei jedem Schritt spürte er Sarahs Blick auf seinem Rücken. Ihre Angst und Verzweiflung.

Die letzten zwei Türen waren mit einem Vorhängeschloss gesichert. Aufgeregt rüttelte er daran, doch da war nichts zu machen.

„Was ist?", rief Sarah aufgewühlt.

„Abgeschlossen, aber ich werde schon was finden, womit ich sie aufkriege."

Karl lief zur Tür am Ende des Gangs, hinter der sich brummend und knacksend die Heizung eingeschaltet hatte.

Er knipste das Licht an und sah sich um. Der Heizkessel war in einem erbärmlichen Zustand,

Spinnweben hingen von der Decke, und es roch muffig. Doch zu seinem Glück lagen ein paar Werkzeuge hinter einem Stapel vergilbter Kartonschachteln. Anscheinend hatte sich mal jemand mit der Heizung abgemüht und sie einfach liegen lassen.

Karl nahm sich einen Schraubenzieher und eine Zange und kehrte zu einer der verschlossenen Türen zurück. Natürlich passte der Schraubenzieher nicht, also versuchte er es mit der Zange.

Sarah hatte es nicht mehr ausgehalten und sich aufgerappelt. Sie stand hinter ihm und beobachtete seine Bemühungen. Ihre hektischen Atemzüge streiften seinen Nacken.

„Als Einbrecher hätte ich wohl keine Karriere gemacht, aber …"

Geräuschvoll riss er das Schloss ab und grinste triumphierend.

Sarah drängelte sich vor und schaltete das Licht ein. Eine einzelne Glühbirne baumelte von der Decke und beleuchtete ein Sammelsurium von alten Sachen. Stühle, Bilder, Lampenschirme, alles bedeckt mit einer dicken Schicht Staub.

Enttäuscht zogen sie sich zurück, und Karl beschlich ein mulmiges Gefühl. Es gab nur noch eine Tür, und was, wenn sie Leni da auch nicht fanden? Er ließ sich nichts anmerken und machte sich am letzten Schloss zu schaffen.

Es war leicht zu knacken, und er hielt den Atem an, als er die Tür öffnete und auf den Lichtschalter drückte.

Verflucht noch mal, dachte er außer sich vor Frustration.

Im Raum stapelten sich wieder nur alte Gegenstände, die vielleicht von Wert, aber längst in Vergessenheit geraten waren.

Sarah schrie los: „Er hat gelogen! Sie haben sie mitgenommen!“ Sie hämmerte mit den Fäusten an die Wand.

„Mein Baby! Leni! Leni!“ Weinend brach sie zusammen, und Karl legte ihr hilflos die Hand auf die bebende Schulter.

Wir hätten doch gleich die Polizei rufen müssen, dachte er wütend über sich selbst. *Dann wäre alles anders gekommen.*

„Weit können sie noch nicht gekommen sein“, versuchte er Sarah zu beruhigen. „Warten Sie hier, ich laufe schnell rüber und alarmiere die Polizei.“

Sarah konnte nicht aufhören zu weinen, doch sie nickte.

„Also, einfach ruhig hier sitzen bleiben“, befahl Karl, drehte sich um und schnappte nach Luft.

Friedrich stand in der einen Spalt weit offenen Tür zum Weinkeller. Seine Augen glänzten vor Freude über das neue Spielzeug in seiner Schnauze.

Ein kleiner Teddybär.

Habe ich etwas übersehen?, fragte sich Karl wie elektrisiert.

„Moment, ich muss noch etwas überprüfen“, rief er und eilte dem Hund nach, der sich die Beute nicht wieder abnehmen lassen wollte und blitzschnell im Weinkeller verschwand.

Karl schaltete das Licht ein und sah sich ganz genau um. Und tatsächlich. Ganz hinten, hinter dem letzten Regal, fand er einen Einlass. Eine alte Pforte, kaum zu erkennen, denn sie war fast gänzlich verschmolzen mit der Wandfarbe. Sie stand so weit offen, dass der Hund hindurchschlüpfen konnte.

„Hier! Hier!“, brüllte Karl. „Hier ist noch was!“

Er musste sich bücken, um hineinzukommen, und tastete hektisch nach einem Lichtschalter.

Der Anblick verschlug ihm den Atem.

Ein Kinderzimmer.

Provisorisch, aber liebevoll eingerichtet mit hellen Möbeln, einem Schaukelstuhl und einer Kommode, auf der eine ganze Armee aus Plüschtieren thronte.

Ein Heizlüfter sorgte für eine angenehme Temperatur, und über einem altmodischen Kinderbettchen drehten sich kleine Elefanten und Giraffen im Kreis.

Hinter ihm taumelte Sarah ins Zimmer und riss ihn beinah um.

„Leni! Leni!“ Schluchzend beugte sie sich über das Bettchen.

Und da lag sie. Blinzelte verschlafen, verzog das Gesicht und begann zu weinen.

Sarah hob sie hoch und küsste unter Tränen ihre Wangen.

„Sch, sch, es ist alles gut. Mami ist jetzt da. Mami ist hier und lässt dich nie wieder los.“

Karls Knie gaben nach, und er ließ sich auf den Stuhl an der Wand plumpsen.

Was für ein Albtraum!

Er musste die Tränen der Erleichterung wegwischen, die sich in seinen Augen sammelten. So etwas wollte er nie wieder erleben müssen!

Friedrich kam mit dem Teddy angewackelt und legte ihn vor seine Füße.

Karl hob den Hund hoch und drückte ihn sich an die Brust.

„Du verstehst wahrscheinlich kein einziges Wort, aber lass dir sagen, das hast du gut gemacht, du kleiner Racker!“

Friedrich schlabberte ihm hocherfreut übers Gesicht, und Karl setzte ihn wieder auf dem Boden ab. „Bleiben Sie hier mit Ihrer Tochter“, sagte er erschöpft und stand auf. „Ich werde mich endlich um Hilfe kümmern. Es ist höchste Zeit, dass Ihr Bein verarztet wird.“

Sarah setzte sich mit Leni in den Armen auf den Stuhl. Das Baby hatte aufgehört zu weinen und rieb sich müde die Augen. Aber anscheinend schien ihm nichts zu fehlen.

„Ja, tun Sie das und Danke für alles, was Sie für uns getan haben“, sagte Sarah. Ihre Wangen hatten wieder etwas Farbe bekommen, und sie lächelte.

Diesen Blick würde Karl in seinem ganzen Leben nicht mehr vergessen, und Stolz keimte in ihm auf.

Maria würde große Augen machen, wenn sie erfuhr, mit was für einem Helden sie verheiratet war. Oder aber fürchterlich mit ihm schimpfen, dass er sich und Sarah leichtsinnig in Gefahr gebracht hatte. Ja, ziemlich sicher musste er sich auf eine Standpauke gefasst machen.

Als er gehen wollte, erregte ein leises Brummen seine Aufmerksamkeit. Das Geräusch war Karl vertraut. Er trat zu dem bodenlangen Vorhang und zog ihn zurück.

Irritiert blickte er auf die Tiefkühltruhe an der Wand. Der Deckel stand offen, und bläuliches Licht schimmerte im Raum.

Er sah hinein, und der Schock war wie ein Schlag.

Elodie!

Auf Kissen gebettet, die trüben Augen an die Decke gerichtet, lag sie da wie eine vergessene Prinzessin. Ein kahlgeschorenes, verunstaltetes Märchenwesen, erfroren im Eis.

Ihre Handflächen lagen nach oben gerichtet auf einer Decke, als würde sie um etwas flehen. Tiefe Krater klafften an den Gelenken, die Haut war regelrecht zerfetzt.

Karl begann zu weinen.

Grüne Weihnacht

Friedrich machte keine Anstalten, den Garten zu betreten, als sie am Haus der Wagners vorbeiliefen. Karl war froh darüber. Er selbst wollte nie wieder auch nur einen Fuß hineinsetzen. Noch immer hatte er Albträume.

Die Polizei hatte längst alle Spuren gesichert, die Türen und Fensterläden waren verschlossen. Die Villa kam Karl so tot vor wie seine ehemaligen Bewohner.

Sie lagen nun alle nebeneinander auf dem Friedhof, und Karl hatte sich vorgenommen, vor ihrer Rückkehr auf die Insel noch ein paar Blumen auf die Gräber zu legen.

Er hätte zu gerne das Tagebuch gelesen, das man gefunden hatte. Vielleicht könnte er dann besser verstehen, wie das alles hatte geschehen können. Das ganze Ausmaß der schrecklichen Ereignisse irgendwie begreifen und einordnen.

Ein freundlicher Kommissar hatte ihnen einiges erzählt, und Karl erinnerte sich gut an den Schock, als sie erfahren hatten, dass Elodie schon ein paar Wochen tot in dieser Truhe gelegen hatte.

Man vermutete, dass Kai seine Schwester nicht loslassen konnte, sein Verstand hatte sich geweigert zu akzeptieren, dass sie sich umgebracht hatte. Er hatte die grausame Wahrheit verdrängt und in einer Scheinwelt die Illusion aufrechterhalten, dass sie noch am Leben war. Und er hatte tatsächlich vorgehabt seine Schwester auf seiner Flucht mitzunehmen.

„Wäre er wirklich mit Elodies Leiche durch die Gegend gefahren?“, hatte Karl den Kommissar fassungslos gefragt.

„Es ist kaum zu begreifen, aber ja, das war wohl sein Plan. Es gab Spuren, dass er versucht hat, sie aus der Truhe zu heben. Aber wenn so ein Körper mal gefroren ist … Und wenn Sie beide nicht aufgetaucht wären, wer weiß, wie weit er mit ihr gekommen wäre.“

Karl hatte sich mit einem Schaudern abgewandt.

Nach wie vor war er davon überzeugt, dass Kai nie vorgehabt hatte, den entführten Kindern etwas anzutun. Wenigstens so weit war er nach dem Tod seiner Schwester und Mutter noch bei Verstand geblieben. Selbst auf die Gefahr hin, dass man ihn erwischen könnte, hatte Kai den kleinen Jungen in die Kirche gebracht. Wo man ihn zum Glück schnell gefunden hatte. Trotz all der schrecklichen Dinge, die er getan hatte, verspürte Karl tiefes Mitleid mit dem Jungen.

Was musste in Kai vorgegangen sein, wie unermesslich musste er unter dem Verlust seiner Zwillingsschwester gelitten haben? Wie sollte man so eine Liebe nennen, die er für sie empfunden hatte?

Vielleicht war der größte Teil von ihm mit ihr gestorben.

„Wirklich schade, dass der ganz Schnee jetzt geschmolzen ist“, sagte Maria und riss Karl aus seinen Gedanken. „Ausgerechnet an Weihnachten.“

„Ja, ausgerechnet“, erwiderte Karl. „Aber nicht ungewöhnlich. Fast schon Tradition.“

Er kämpfte mit der Last der Pakete, die er nur mit Mühe in die zwei großen Tragetaschen gestopft hatte. Maria hatte maßlos übertrieben. Leni würde unter dem Berg von Geschenken regelrecht verschwinden.

Heute am ersten Weihnachtstag waren sie eingeladen. Bei Sarah und ihrer kleinen Familie. In den letzten Wochen hatten sie viel Kontakt gehabt und sich angefreundet. Und Maria hatte sich total in Leni verliebt.

Genauso wie Friedrich. Der Dackel rollte sich vor Begeisterung auf den Rücken oder raste im

Kreis um das Baby, wenn es am Boden auf einer Decke lag. Und Leni strahlte vor Freude über dieses umherflitzende Fellknäuel.

Heute also würden sie zusammen feiern, und auch wenn Karl es nicht zugeben wollte, er fühlte sich so aufgeregt wie damals in seiner Kindheit. Als Weihnachten noch etwas ganz Besonderes gewesen war.

Zwei Knirpse kamen auf ihren Laufrädern auf sie zu gedüst. Sie waren vielleicht drei, vier Jahre alt und mit ihren kurzen Beinchen beeindruckend schnell unterwegs. Die dazugehörige Mama hatten sie schon weit abgehängt.

Sie quietschten vor Lachen, als sie ins Schwanken gerieten und sich kurz streiften. Sie waren identisch angezogen, und als sie an ihnen vorbeifuhren, konnte Karl sehen, dass es Zwillinge waren.

Bruder und Schwester?

Karl verspürte einen Stich in der Brust und sah ihnen traurig nach.

Auf Wiederlesen

Wie schön, dass Sie mir noch etwas von Ihrer Zeit schenken. Ich hoffe, dass ich Sie gut unterhalten konnte. Vielleicht haben Sie ja jetzt Lust, auf meiner Homepage zu stöbern und sich die Buchtrailer anzuschauen. Hier finden Sie auch meine Kontaktdaten, und ich würde mich sehr freuen, von Ihnen zu hören. www.connylueścher.ch

Falls Sie gleich schon weiterlesen möchten, finden Sie auf den nächsten Seiten zwei Leseproben.

Also vielleicht bis bald?

Herzlichst

Conny Lüscher

Weitere Thriller der Autorin:

Rotlöckchens Grab

Böse Konsequenzen

Die sonnige Zeit

Erkenne das Böse

Hornissenbrut

Stummer Schrei

Nur noch Stille

Fantasy:

Der Klang von Dunkel und Licht

Leana

Kurzgeschichten:

Mörderische Turbulenzen in der Bäderstadt

Mord in der Bäderstadt

Baden kann tödlich sein

Leseproben

Rotlöckchens Grab

„Hast du wirklich auf deinen Vater eingestochen? Komm, sag schon!“

„Er ist nicht mein Vater“, sagte Aline und versuchte die Wut zu unterdrücken, die in ihr hochkochte. Das Mädchen, mit dem sie sich das Zimmer teilen musste, war eine dämliche Bitch. Sie plapperte den ganzen Tag in Endlosschlaufen und stellte dumme Fragen.

„Dann eben dein Stiefvater, oder Pflegevater, ist doch egal. Ich will nur wissen, ob es stimmt. Also, hast du auf ihn eingestochen?“

„Ja.“

„Wow! Und? Ist er tot?“

„Nein.“

Eduard hatte nur geblutet wie ein Schwein und ihr das hier eingebrockt. Eine Erziehungsanstalt, ein Heim für böse Mädchen.

„Und was ist mit deiner Mutter?“

Aline hätte ihr erzählen können, dass auch ihre Mutter in einem Heim hockte. In einer psychiatrischen Klinik, auf der Suche nach der Tür, durch die man zurück ins Leben gehen konnte. Aline glaubte allerdings nicht daran, dass sie die jemals wiederfinden würde. Aber dieser Bitch würde Aline das ganz sicher nicht auf die Nase binden.

„Du kannst froh sein, dass du noch nicht volljährig bist, vielleicht kommst du ja bald wieder hier raus."

Todsicher, dachte Aline und holte zum Schlag aus.

Melly

Vor dem vierstöckigen Wohnblock schimmerte die Welt in einem goldenen Licht, als hätte ein Künstler einen riesigen Pinsel in die Sonne getunkt und alles mit warmen Farben übermalt. Ein Herbstnachmittag wie aus dem Bilderbuch, und Mellys Augen brauchten einen Moment, um sich an die Düsternis im Flur zu gewöhnen.

Leise schloss sie die Wohnungstür hinter sich, blinzelte und lauschte. Nichts.

Mama schläft, dachte sie, zog die Jacke aus und hängte sie an den überladenen Kleiderständer, dessen Umrisse sich aus der Dunkelheit schälten. Sie wollte kein Licht machen, kein Geräusch, nur ganz schnell in die Küche huschen.

Mama schläft.

Sechs Tage in der Woche schlief sie tagsüber, denn Iris Keller war fast die ganze Nacht unterwegs. Putzen. In Büros und Praxen, in einer Bank und nach Mitternacht in zwei Lokalen, die dann geschlossen waren. Ihr Chef, der sie und ein Dutzend weiterer Frauen beschäftigte, war ein Sklaventreiber.

Das sagte Mama immer wieder. Jetzt schlief sie. Aber ob es ein guter oder schlechter Schlaf war, wusste Melly noch nicht. Mit der Fußspitze stieß sie an eine Tüte auf dem Boden, in der es leise klirrte.

Da wusste sie, dass es ein schlechter Schlaf war. Melly hob die Tüte hoch und trug sie in die Küche. Hier war es hell, der einzige Ort in der Wohnung ohne zugezogene Vorhänge. Melly stellte die Tüte auf den

Tisch und packte den Inhalt aus. Nudeln, ein Brot, eine Packung Fischstäbchen, die sich weich und feucht anfühlte, eine Gurke und ein paar Tomaten. Gummibärchen, die wohl für sie gedacht waren. Eine Flasche Wein und zwei Flaschen Schnaps.

Melly war sich sicher, dass es drei gewesen waren. Aber die dritte stand jetzt wahrscheinlich schon zur Hälfte geleert neben Mamas Bett.

Melly setzte sich auf die Küchenbank und starrte die Flaschen an, als wären sie etwas Lebendiges. Etwas Böses, das man bekämpfen und vernichten musste. Melly hatte es versucht. Die Flaschen versteckt, ausgeschüttet und einmal sogar eine in hohem Bogen aus dem Fenster geworfen.

Da hatte Mama sie an den Schultern gepackt und so heftig geschüttelt, dass Melly übel geworden war. Mama hatte sie angeschrien. Schrecklich laut, voller Wut und mit geröteten Augen, die gar nicht mehr aussahen wie die von Mama.

„Was hast du getan? Bist du übergeschnappt? Weißt du eigentlich, was so eine Flasche kostet? Himmelherrgottnochmal, du dummes Kind! Kannst du nicht verstehen, dass ich das brauche? Ja, schau nicht so! Das ist wie Medizin für mich, ohne kann ich nicht schlafen, und das weißt du genau! Und ich muss schlafen, damit ich wieder arbeiten kann, den ganzen Scheiß …"

Melly war in Tränen ausgebrochen, und ihre Mutter hatte sie losgelassen und resigniert angestarrt. „Nein, das kannst du nicht verstehen, tut mir leid, was ich gesagt habe. Du bist kein dummes Kind. Du bist doch meine kleine Sonne. Einfach viel zu jung, um die Probleme der Erwachsenen zu verstehen. Aber tu das nie wieder, hörst du?“

Melly hatte genickt und gehorcht. Nie wieder eine ganze Flasche Schnaps ausgeschüttet. Aber mit Wasser verdünnt, so oft es ging.

Denn Melly war gewiss kein dummes Kind. Sie war dreizehn, aufgeweckt und fröhlich, wenn es ihr gelang, ihre Mutter vom Trinken abzuhalten. Melly hatte das Down-Syndrom. Trisomie 21. Früher hatte sie den normalen Kindergarten besuchen können, doch dann musste sie in eine andere Klasse als ihre Freundinnen. Eine Sonderklasse für Kinder, die mehr Unterstützung beim Lernen brauchten. Und von da an hörte sie manchmal auf dem Schulhof Worte, die wehtaten. Auch wenn Melly sie damals gar nicht richtig verstanden hatte.

Idiot, Spasti, Mongo.

Mellys neue Lehrerin war eine tolle Frau, die ihre Schüler Wunderkinder und Sonnenschein nannte. Die eine unendliche Geduld hatte, sie zum Lachen brachte und ihre Fortschritte mit ihnen feierte. Ihnen Selbstvertrauen schenkte und sogar eine Theatergruppe gründete, die zweimal im Jahr einen Riesenapplaus erntete.

„Du bist auf deine Weise klüger als die meisten, und hübsch bist du auch.“ Das hatte Josy gesagt, Mellys beste und liebste Freundin. Die sie gerettet hatte. Vor drei Jahren auf dem Nachhauseweg.

Als zwei Jungs wie aus dem Nichts aufgetaucht waren und Melly mit ihren Fahrrädern den Weg versperrt hatten.
„Na, du Gnom? Wohin so eilig?“

Der rothaarige Junge war etwa fünfzehn und grinste sie höhnisch an. Melly kannte solche Blicke, sie bedeuteten, dass heute ein schlechter Tag war.

„Nach Hause“, sagte sie und versuchte, zwischen den Rädern durchzuschlüpfen. Keine Chance.

„Und wo ist das? In einer Höhle?“ Sein Kumpel lachte laut.

Melly wusste nicht, was sie sagen sollte. In ihrem Magen begann es zu kribbeln.

„Du bist doch eine aus dieser Idiotenklasse.“ Der Junge musterte sie neugierig. „Aber eigentlich siehst du gar nicht so übel aus, obwohl du ein Gnom bist.“ Er streckte die Hand aus, und Melly zuckte zusammen, als er ihr über ihre langen, braunen Haare fuhr. Ihre blauen, etwas schräggestellten Augen füllten sich mit Tränen.

„Fang doch nicht gleich an zu heulen, das war doch ein Kompliment!“ Der Junge kicherte. „Wenn du überhaupt verstehst, was das ist.“

„Ich weiß genau, was das ist“, rief Melly empört. „Jetzt lass mich durch. Ich muss nach Hause!“

„Wirst du jetzt frech, du Zwerg, du? Ich will doch nur wissen, was du in deinem Rucksack hast.“

„Wahrscheinlich Bilderbücher, lesen kann die sicher nicht!“, wieherte sein Freund.

„Ich kann wohl lesen!“, schimpfte Melly.

„Dann zeig her!“ Der Rothaarige packte den Träger ihres Rucksacks und zerrte daran.

Im Rucksack war das Portemonnaie mit dem Geld, das Mama ihr mitgegeben hatte, damit sie nach der Schule noch einkaufen konnte.

„Nein! Lass los!“, brüllte Melly, als sie spürte, wie ihr der Rucksack von den Schultern glitt.

Nun zerrte auch der andere Junge an den Riemen, und Melly stürzte auf den Rücken. Weinend blickte sie auf in ihre Gesichter, in lachende Fratzen. Ihr Rock war beim Sturz hochgerutscht, und das laute Gelächter der Jungs trieb ihr die Schamesröte in die Wangen.

Der Rothaarige ließ sein Fahrrad fallen und packte den Rocksaum.

„Schau dir das an!“, rief er. „Die hat Micky-Mouse-Unterhosen an! Was da wohl drunter ist?“ Er schob den Zeigefinger in den Bund ihres Slips und zog daran.

„Lass doch mal schauen, wie so ein Gnom da unten aussieht!“

Eine Sekunde war Melly wie versteinert, dann schlug sie kreischend und strampelnd auf seine groben Finger.

Eine gellende Stimme ließ die Burschen zusammenzucken.

„Was macht ihr da, ihr Arschlöcher! Lasst sie sofort in Ruhe!“

Ein junges Mädchen, vielleicht so alt wie die Jungs, drängte sich dazwischen. Ihre rotbraunen Locken leuchteten in der Sonne wie poliertes Holz, und ihre grünen Augen funkelten vor Zorn.

„Was geht's dich an, verpiss dich!"

„Lass mal", stammelte sein Kumpel kleinlaut. „Komm, wir gehen."

„Spinnst du? Was soll das? Lässt du dir von so einer Tusse sagen, was du zu tun hast?"

Das Mädchen kniete sich neben Melly und half ihr aufzustehen.

„Das ist Josy. Josy Tauben", flüsterte der Junge dem Rothaarigen ins Ohr. „Sie kennt mich, mein Vater arbeitet bei denen in der Firma. Komm schon, ich will keinen Ärger." Er trat in die Pedale, und sein Freund hob sein Rad auf und folgte ihm widerwillig.

„Hast du dich verletzt?"

Melly schüttelte den Kopf und wischte sich schniefend mit dem Handrücken die Tränen aus dem Gesicht. „Nein, nein, ich habe nur so schlimm Angst gehabt."

„Das kann ich gut verstehen! Aber jetzt musst du keine Angst mehr haben, das verspreche ich dir. Ich kenn die beiden Idioten, und ich werde dafür sorgen, dass das ein Nachspiel hat. Die werden dir nie wieder etwas tun!"

Melly lächelte das Mädchen an. „Danke, dass du mir geholfen hast. Ich heiße Melly, und dich hab ich schon auf dem Schulhof gesehen. Deinem Papa gehört doch die große Backwarenfabrik, ich hab auch schon eure Semmeln gekauft."

„Na dann, kleines Fräulein, ich bin Josefine Tauben, aber alle nennen mich Josy. Sehr erfreut, dich kennenzulernen!"

Melly ergriff die ausgestreckte Hand und schüttelte sie mit ernster Miene. „Sehr erfreut.“

Seit diesem Tag vor drei Jahren waren sie trotz des Altersunterschieds dicke Freundinnen. Für Melly war Josy die Schwester, die sie gerne gehabt hätte. Mit ihr konnte sie über alles reden, und in Josys Gegenwart, wagte niemand einen dummen Spruch zu machen.

Als Melly völlig unvorbereitet ihre erste Periode bekommen und vergeblich versucht hatte, ihre betrunkene Mutter wachzurütteln, war sie zu Josy geflüchtet. Weinend und verängstigt. Josy hatte sie in den Arm genommen, ihr geduldig alles erklärt und ihr eine Packung Binden gegeben.

„Jetzt sind wir Blutsschwestern“, hatte Josy mit einem Augenzwinkern gesagt, und Melly hatte sich stolz gefühlt. Obwohl diese komische, neue Sache doch etwas eklig war.

Wenn Josy doch endlich wieder da wäre, dachte Melly und schob die Schnapsflaschen wie Spielfiguren auf dem Küchentisch hin und her. Schon drei Wochen war sie fort. In Südfrankreich, Urlaub machen nach dem bestandenen Abitur.

Ja, ja, Urlaub. So was hatten Melly und ihre Mutter noch nie gemacht. Irgendwo hinfahren, einfach so. Bestimmt wäre das schön, aber wenn kein Geld da war? Dann konnte man höchstens in den Zoo gehen, wenn überhaupt. Vielleicht wäre mehr Geld da gewesen, wenn sie einen Papa gehabt hätte. Aber Mama sagte immer, sie könne froh sein, dass der Scheißkerl abgehauen ist.

Melly runzelte die Stirn. Eigentlich hätte Josy schon vor einer Woche zusammen mit ihren Freundinnen heimkommen sollen. Aber sie war länger geblieben. Das hatte ihr Klara, die sich bei Josy zu Hause um den Haushalt kümmerte, erzählt. Alleine, einfach so. Melly konnte sich nicht vorstellen, was sie da machte. Ganz allein.

Aber sie wird mir alles genau erzählen, wenn sie endlich wieder da ist, dachte Melly und seufzte tief. Sie starrte auf die Flaschen und fühlte sich entsetzlich einsam.

Wie ein Astronaut, der im Weltall verloren gegangen war.

Mads

„Ist er tot?“, fragte Bernadette und zog den Rotz hoch.

Mads sah sich um. Ein kühler Wind fegte durch den Stadtpark, und vertrocknete Blätter wirbelten wie aufgescheuchte Vögel durch die Luft. Es war später Nachmittag, Regenwolken verdunkelten den Himmel, und die Spaziergänger hatten sich eilig verzogen. Vorsichtig näherte er sich der Parkbank, auf der ein junger Mann lag und mit leerem Blick in den Himmel sah.

„Ich glaub schon“, erwiderte Mads und beugte sich über ihn. Der Kerl sah erbärmlich aus. Abgemagert bis auf die Knochen. Seine Kleider waren abgewetzt und schmutzig. Der Gestank kam von dem Erbrochenen, das wie ein grausiger Latz auf seiner Brust lag. Wieder hatte es einen erwischt.

Die Leute vom Sozialamt gaben sich alle Mühe. Sie boten Anlaufstellen, Streetworker, Beratung und Hilfe beim Entzug, aber manchmal nützte alles nichts. Die grausamen Monster, die sich die Süchtigen spritzten, schluckten, rauchten oder in die Nase zogen, waren stärker. Wie gefräßige Alligatoren zerrten sie ihre Beute mit sich bis in den Tod. Alt oder jung, reich oder schon auf der untersten Stufe angelangt, spielte dabei keine Rolle. Das hatte Mads oft genug erlebt.

„Dann lass uns abhauen“, rief Paule und schob den Einkaufswagen an, in dem er seine ganze Habe herumkutschierte.

„Sollten wir nicht jemanden informieren?“, fragte Mads. Der Kerl, der wie vom Teufel ausgespuckt auf der Bank lag, tat ihm leid.

„Bist du jetzt etwa stolzer Besitzer eines Handys?“, fragte Bernadette und grinste ihn an.

Sie war erst Mitte dreißig, also so ungefähr, denn genau wusste Mads das nicht. Sie wäre eigentlich ganz hübsch gewesen, aber wenn sie den Mund aufmachte, sah Bernadette wie eine alte Frau aus. Bei einer Schlägerei hatte sie sämtliche Vorderzähne eingebüßt.

„Nein, woher auch“, brummte Mads.

„Die Bullen werden ihn beim nächsten Kontrollgang schon finden, also los jetzt, gehen wir nach Hause, gleich fängt es an zu regnen“, kommandierte Paule und marschierte voran.

Mads seufzte resigniert und folgte den beiden. Seiner kleinen Truppe. Irgendwann, vor etwa einem Jahr, war er Paule und Bernadette auf der Straße begegnet. Obdachlos, genau wie er. Und sie hatten sich zusammengetan. Weil sie einander sympathisch waren, aber vor allem, weil es sicherer war. Irgendwo alleine zu pennen, war keine gute Idee für Leute wie sie. Hier oder anderswo.

Wobei …. Seit Mads hier gestrandet war, in dieser Stadt mit etwa hunderttausend Einwohnern, vielen Parks und einer herausgeputzten Altstadt, hatte er noch nicht so viel einstecken müssen. Verachtung, manchmal ein angewidert verzogenes Gesicht, das ja. Aber daran war Mads seit vielen Jahren gewöhnt. Oder waren es Jahrzehnte? Mads wusste das gar nicht so genau, und es interessierte ihn auch nicht mehr.

Früher, ja früher hatte er noch geglaubt, dass sein Leben auf der Straße nur so eine Übergangsphase wäre. Bis er wieder Fuß gefasst hätte. Wieder einen Job und eine Wohnung hatte.

Beides – und seine Familie hatte er damals verloren, weil er ein Idiot gewesen war. Und schuld an einem schrecklichen Unfall. Schuldig und feige. Er war einfach abgehauen, weil er die Blicke, mit denen man ihn nach dieser Tragödie angesehen hatte, nicht mehr hatte ertragen können. Er war geflohen, ohne Ziel durch die Welt geirrt, und die Zeit hatte sich in einen träge dahinströmenden Fluss verwandelt.

Manchmal fragte sich Mads, wie alt er jetzt eigentlich war. Doch schon siebzig? Er hätte nachschauen können in dem zerknitterten Ausweis, den er all die Jahre mit sich trug. Aber wozu? Würden ihn seine Knochen weniger schmerzen, falls er feststellen würde, dass er doch noch jünger war? Wohl kaum.

„Komm in die Gänge, Mads!“, rief Paule verärgert, als die ersten Regentropfen auf den gepflegten Weg klatschten. „Ich will nach Hause!“

Zu Hause. Das war im Moment noch eine Ecke in der Unterführung am Ende des Parks, in die sich kaum jemand verirrte. Weil es dunkel war, die Wände mit obszönen Sprüchen vollgesprüht waren und es nicht gerade nach Rosen duftete.

Und weil wir da hausen, dachte Mads. Sie hatten sich einigermaßen gemütlich eingerichtet. Und wenn es nicht in Strömen schüttete und das Wasser in Rinnsalen durch die Unterführung lief, konnten sie auf trockenen Matratzen schlafen.

Was will man mehr?

Doch in ein paar Wochen würden sie sich nach einer neuen Bleibe umschauen müssen. Im Winter ließ der Wind mit seinem eisigen Atem die Bartstoppeln gefrieren und knistern.

Paule parkte seinen Einkaufswagen und reichte Bernadette einen Plastikbeutel. Sie ließ sich ächzend auf ihre Matratze plumpsen und wühlte darin herum. Zum Vorschein kamen ein angebissener Kebab, zwei Brötchen in einer Tüte, die wohl jemand verloren hatte, eine Schachtel mit Pizzaresten und eine angebrochene Plastikflasche mit irgendeinem knallroten Saft.

„Nicht schlecht", freute sie sich und breitete die Beute vor sich aus. „Wer möchte was?"

Paule setzte sich zu ihr und griff nach einem Brötchen. In der Hand hielt er eine Rotweinflasche, an der er seit zwei Tagen nuckelte. Mads wusste, dass er sich vorgenommen hatte, nicht mehr so viel zu trinken. Denn kürzlich hätte Paule sich bei einem Sturz fast das Genick gebrochen. „Hast du keinen Hunger?", fragte er.

Mads schüttelte den Kopf. „Nein, danke. Ich hatte heute ein richtiges Mittagessen."

Ja, er hatte mal wieder Glück gehabt und für ein paar Stunden Arbeit bekommen. In einer Autowerkstatt im Industriegebiet. Der Betreiber reparierte Schrottkarren, die aus dem letzten Loch pfiffen und um die sich sonst niemand kümmern wollte, weil es kaum mehr Ersatzteile dafür gab. Irgendwie schaffte er es immer, die Autos wiederherzurichten. Es war nicht so, dass sich die Kundschaft drängelte, und Mads vermutete, dass er sein Geld nebenher mit ganz anderen Dingen verdiente. Aber das ging ihn nichts an. Für Mads zählte nur, dass er von Zeit zu Zeit in der Werkstatt mithelfen konnte. Es gab ein paar Euros unter der Hand. Und manchmal, so wie heute, auch etwas Warmes zu essen.

„Die gnädige Frau ist im Anflug“, rief Bernadette mit vollen Backen.

„Mist, ausgerechnet dann, wenn ich keine Krawatte umgebunden habe“, sagte Paule und schwenkte die Flasche.

„Hattest du überhaupt jemals eine?“, neckte ihn Mads.

Er mochte seinen ständig vor sich hin schimpfenden Kumpel. Wenn man Paule nicht kannte, konnte einem sein grimmiges Gesicht schon Angst einjagen. Paule war – nach eigener Aussage – gerade vierzig geworden und ein stämmiger Bursche, der sich nicht so leicht einschüchtern ließ. Weder von der Polizei noch von diesen Idioten, die von Zeit zu Zeit ein Spiel veranstalteten.

Sie nannten es „Rattenjagd“.

Nur, dass die Ratten keine vier Beine hatten und alle obdachlos waren. Randständig. Was für ein Wort, aber so war es doch. Leute wie sie lebten abseits der Gesellschaft wie Unkraut an den Rändern eines keimfreien Ackers.

Das Geräusch von Rollen eines Koffers, begleitet von dem Klackern von Absätzen hallte in der Unterführung. Das war eindeutig die Gräfin. So jedenfalls hatte sie sich ihnen vorgestellt.

„Gräfin Felicitas Hermine Frederica von Waldenstein."

„Drauf geschissen", hatte Paule gestänkert.

Für Mads war sie „die Reisende", und das traf es wohl ziemlich gut.

Leseprobe aus „Rotlöckchens Grab“

Du sollst nicht töten

Mit ihr fing alles an.

Damals spielte es noch keine Rolle, dass sie rote Haare hatte. Rot wie stumpfes Kupfer. Locken, die sich kräuselten, wenn sie feucht wurden. Und eine Haut, die so von Sommersprossen übersät war, dass man es kaum sehen konnte, wenn sie errötete. Vor Wut oder Scham.

Oder vor Erregung, so wie an dem Nachmittag, als sie uns entdeckt hatte. Erwischt.

Wir lagen ineinander verschlungen an unserem geheimen Platz am See. Der Schnitt, den ich mir im hohen Schilf am Arm zugezogen hatte, brannte noch ein wenig. Aber das Blut war schon fortgeleckt von der zarten, kleinen Zunge, die ich so sehr liebte.

Die herabhängenden Zweige der Trauerweide bewegten sich sanft im leichten Wind und strichen wie liebkosende Finger über unsere Körper. Die Enten hatten aufgehört zu schnattern, als wollten sie uns nicht stören. Das Gras fühlte sich an wie ein kühles Leintuch und wir uns sicher und geborgen. Als wären wir allein auf der Welt. Im Paradies.

Die blauen Flecken auf unserer Haut verschmolzen mit den Schatten, die der Baum auf unsere Körper malte. Sie schienen im Sonnenlicht zu tanzen, wenn die Brise durch die Blätter fuhr.

„Ich werde dich immer lieben und beschützen“, sagte ich.

Die Antwort war ein zarter Kuss.

„Immer. Solange ich lebe."

Wir waren so müde. Erschöpft. Aber wir durften nicht einschlafen. Bald war es Zeit zu gehen. Zeit, das Paradies zu verlassen und zurückzukehren in die Hölle.

„Was macht ihr da! Ihr seid ja nackig!"

Ein entsetztes Kreischen, und das wundervolle Gefühl von etwas Glück und Frieden wurde regelrecht zermalmt.

Wir schreckten hoch, mein Herz hämmerte in meiner Brust, und torkelnd kamen wir auf die Beine. Nackt wie Neugeborene.

Biggi stand mit weit aufgerissenen Augen vor uns und starrte uns mit offenem Mund an.

Wir standen da, als hätte uns ihr Blick wie der von Medusa versteinern lassen. Unfähig, uns zu rühren.

„Ihr habt euch angefasst! Geküsst!" In ihrer Stimme schwangen Ekel und eine freudige Häme.

„Nein, haben wir nicht!" Endlich konnte ich mich wieder bewegen und machte einen Schritt auf sie zu.

Auf Biggi. Die Petze. Die wie ein kleines Schweinchen überall herumschnüffelte. Wie ein Radio auf zwei Beinen durchs Dorf rannte und redete. Plapperte ohne Unterbruch. Und am liebsten über Dinge, die niemanden etwas angingen. Wie lange hatte sie uns schon beobachtet?

„Doch, habt ihr! Ich habe es genau gesehen." Sie schüttelte sich wie ein nasser Hund.

Es würde sich wie ein Lauffeuer ausbreiten, und Vater würde mich totschlagen. Oder ersäufen wie den Wurf junger Kätzchen vor drei Wochen. Auch ich würde zappeln und zu kratzen versuchen. Vergeblich.

Denn wir hatten gesündigt.

Wir waren damals noch Kinder, aber das durfte ich nicht zulassen. Biggi würde niemals den Mund halten. Deshalb musste ich es tun.

Sie hielt sich theatralisch die Hand vor die Augen, als ich mich ihr näherte. Und so konnte sie nicht sehen, wie ich leicht in die Knie ging und den großen Stein packte, der mir, im Gras liegend, zuzuwinken schien wie eine helfende Hand.

„Bäh!“, rief sie angewidert. „Zieh dir etwas an! Ich will keine nackigen Leute sehen, das ist hässlich.“

Sie war zwölf. Ein Jahr jünger als ich, und sie würde nicht eine Minute älter werden.

Ich holte aus, und der Stein krachte auf ihren Schädel. Ihre Hände fielen zur Seite, und sie sah mich an. Erstaunt, ungläubig. Blut floss aus der Wunde über ihrer Stirn. Röter als ihre Sommersprossen nahm es seinen Weg über ihre Augen und Wangen.

„Was …“, sagte sie und sank wie in Zeitlupe auf die Knie. Als wollte sie beten.

Noch einmal holte ich aus. Und noch einmal.

Dann lag sie da auf dem Bauch, und ich betrachtete sie. Gefasst darauf, dass jetzt etwas passieren würde. Dass Gottes Zorn wie ein Schwert auf mich niedersausen würde. Oder mein Gewissen mich beißen wie ein tollwütiger Hund.

Nichts geschah. Ich stand einfach da und fühlte nichts. Kein Bedauern, keine Reue. Sie war nicht mehr am Leben, und das war gut so.

„Ist sie tot?“ Die Stimme klang wie die eines Babys. Hoch und dünn.

„Ja.“

„Was … was sollen wir denn jetzt tun? Komm schnell, wir laufen weg. Zieh dich an!“

Ich schüttelte den Kopf. „Nein, wir können sie hier nicht liegen lassen. Erstens ist das unser Platz. Und zweitens: Vielleicht hat ja jemand beobachtet, dass wir manchmal hierhergehen. Dann wird man uns Fragen stellen.“

Entsetztes Luftschnappen.

„Lass mich überlegen.“ Ich wunderte mich selbst darüber, wie ich so ruhig bleiben konnte.

Ich warf den Stein in hohem Bogen in das Wasser und sah mich um. Die Sonnenstrahlen funkelten auf der Oberfläche des Sees wie winzige Blitze. Der Frühling war schon fast vorbei und das Wasser noch klar. Aber schon bald würden in der Hitze die Algen wuchern, die in manchen Jahren eine richtige Plage waren und den See grün verfärbten. Ob daher das kleine Dorf seinen Namen hatte? Grünauen? Oder lag es an den Wäldern und Wiesen, die sich schier endlos auszubreiten schienen und in dieser Jahreszeit geradezu leuchteten? Ich habe es nie herausgefunden.

Mein Blick fiel auf den Felsen, der fünfzig Meter entfernt aus dem Wasser ragte. In den Sommermonaten wurde dort eine große Holzplanke angekettet, damit man sich beim Schwimmen ausruhen konnte. Noch war sie nicht da.

„Hilf mir, sie auszuziehen“, sagte ich.

„Was? Nein … bitte. Ich … ich kann das nicht. Ich kann sie nicht anfassen.“

„Schon gut, ich mach das. Nimm du ihre Kleider und die Schuhe und leg sie irgendwo am Ufer hin. Doch geh ein Stück weg von hier. So, dass es aussieht, als wäre sie da ins Wasser gegangen.“

Keine weiteren Fragen, nur ein erleichterter Seufzer darüber, dass ich mich kümmern würde.

Und das tat ich.

Rückwärtsgehend schleifte ich sie zum Wasser. Sie war schwer. Wie konnte ein Mädchen in dem Alter so schwer sein? Sie hatte uns hässlich genannt, aber das waren wir nicht. SIE war hässlich anzusehen nur mit der Unterhose bekleidet und den beiden Knubbeln auf der Brust, die später mal zu einem Busen geworden wären.

Das Wasser war so kalt, dass mir für einen Moment die Luft wegblieb und mir augenblicklich die Zähne klapperten. Ich packte Biggi an den Haaren, die sich im Wasser anfühlten wie glitschiges Gras, und auf dem Rücken schwimmend zog ich sie hinaus in den See.

Bald spürte ich die Kälte kaum noch vor Anstrengung. Ich war die Strecke bis zum Felsen schon lange nicht mehr geschwommen. Und plötzlich überkam mich eine rasende Angst, dass ich es nicht schaffen könnte. Dann würde ich ertrinken. Auch ohne das Zutun von Vater.

Endlich, endlich erreichte ich den Felsen, und mit letzter Kraft zerrte ich Biggi hoch. Meine Muskeln zitterten vor Anstrengung, und meine Lunge schrie nach Luft. Dann lag sie da, so dass ihre Kopfwunde genau auf eine scharfe Kante traf. Ob sie da so bleiben würde oder abrutschen und in der Tiefe versinken? Im See treiben wie ein toter Fisch?

Ich konnte es nicht wissen, und es war mir auch gleichgültig. Ich musste zurück. Noch einmal die ganze Strecke, obwohl ich am Ende meiner Kräfte war.

Als ich auf allen vieren ans Ufer kroch, war ich zu Tode erschöpft. Es wäre mir vollkommen egal gewesen, wenn Gottes Zorn mich auf der Stelle vernichtet hätte. Aber wieder geschah nichts. Die Vögel zwitscherten unbekümmert, und jetzt quakten auch wieder die Enten um die Wette.

Am ganzen Körper zitternd zog ich mich an. Riss mit beiden Händen das Gras aus, das von Biggis Blut besudelt war. Unser Bett unter der Trauerweide war rein geblieben. Es war immer noch unser Platz.

Das ist so viele, viele Jahre her. Biggi ist nur noch eine verblasste Erinnerung. Doch was an diesem Tag geschehen ist, hat etwas Schreckliches ausgelöst. Denn nach ihr kamen andere.

Ich wünschte, ich könnte es aufhalten.

Timmy und der Seelenfresser

Das war einer von ihnen!

Da war er sich sicher. Der Zauberschüler umklammerte seinen magischen Stab und spähte in die Dunkelheit. Das war ein Seelenfresser, ein Dementor der sich in den Garten der alten Frau Kern schlich. Kaum wahrzunehmen in seiner schwarzen Kleidung und mit der Kapuze über dem Kopf.

Soll ich Alarm schlagen?, überlegte Timmy Ehrmann alias Harry Potter.

Keine gute Idee. Denn dann würde er erklären müssen, wieso er sich nachts um halb eins hier herumtrieb, anstatt in seinem Bett zu liegen und zu schlafen, wie es sich für einen Elfjährigen gehörte. Auch wenn es nur noch drei Tage bis zu den Sommerferien waren. Denn dann war alles erlaubt. Na ja, fast alles.

Timmy seufzte tief und betrachtete nervös seinen Zauberstab. Er hatte ihn selbst aus dem Ast eines Haselstrauchs geschnitzt – und sich dabei fast den halben Daumen abgesäbelt. Aber was hätte er denn tun sollen? Als Zauberschüler war so ein Stab unverzichtbar. Die runde Brille hatte er von der alten Frau Kern geschenkt bekommen. Das Ding hatte bei ihr schon seit mindestens hundert Jahren in einer Schublade vor sich hin gestaubt. Frau Kern hatte die fast vollkommen trüb gewordenen Gläser aus dem Gestell gefummelt und es ihm auf die Nase gesetzt.

„Du meine Güte!“, hatte sie begeistert ausgerufen und in die Hände geklatscht. „Vor mir steht Harry Potter, wie er leibt und lebt!“

Frau Kern war echt eine coole Socke, obwohl sie schon steinalt war. Als Timmy mit seiner Mutter vor ein paar Wochen aus der Stadt hierhergezogen war, hatten sie sich schnell angefreundet. Frau Kern hatte immer ein offenes Ohr für ihn, stellte keine dummen Fragen, und vor allem hatte sie alle Zeit der Welt.

Etwas, das seine Mutter nun nicht mehr hatte. Sie wollte schon lange raus aufs Land, und als sie die Anzeige in der Zeitung entdeckt hatte, fackelte sie nicht lange. Sie bewarb sich, unterschrieb einen Vertrag, packte ihre Siebensachen und verschleppte ihn in das verschlafene Kaff. Typisch für sie.

Der marode Campingplatz an dem kleinen See sollte aus dem Dornröschenschlaf erwachen. Neue Gäste sollten angelockt und auch bewirtet werden. Jetzt war sie da die Chefin oder, besser gesagt, das Mädchen für alles. Nun schuftete seine Mom beinah Tag und Nacht, um alles herzurichten. Strich sogar die Wände des Häuschens, in dem sich eine kleine Küche und die Vorräte befanden. Manchmal übernachtete sie auch dort auf einer Matratze, und Timmy musste alleine in ihrer winzigen Wohnung über dem Dorfgasthaus schlafen.

Und da lag das Problem. Timmy hatte Mühe mit dem Einschlafen. Schon seit er ein Baby war, machte er deswegen seine Mutter fast wahnsinnig. Hatte sie jedenfalls gesagt. Aber er war einfach nie müde. Und wie konnte man schlafen, wenn es doch noch so viel zu überdenken gab? Zu tun?

Vor drei Jahren hatten sich seine Eltern scheiden lassen, und seinem Vater, den er alle paar Wochen mal am Wochenende besuchte, war es egal, wenn er die halbe Nacht herumgeisterte.

Aber seiner Mom nicht. Deshalb kroch Timmy folgsam jeden Abend zeitig ins Bett und wälzte sich. Stundenlang. Manchmal las er heimlich unter der Bettdecke. Und manchmal, wenn sie nicht da war so wie heute, zog er sich wieder an und stromerte durch die Gegend.

Jetzt gerade wünschte er sich, er wäre zu Hause geblieben. Er kauerte immer noch unschlüssig hinter einem Busch, doch den Dementor konnte er nicht mehr sehen. Nur hören, denn das waren eindeutig Schritte auf der anderen Straßenseite bei Frau Kern. Er hatte ein mulmiges Gefühl. Obwohl er ständig das Gegenteil behauptete, wusste er, dass ihm sein Zauberstab nichts nützen würde, falls der Seelenfresser ihn entdeckte. So ein Umhang, mit dem man unsichtbar wurde, wäre jetzt nicht schlecht. Aber den gab es ja auch nur in den Büchern und Filmen.

Ganz in der Nähe schrie ein Käuzchen, und Timmy zuckte zusammen. Das wurde ja immer gruseliger. Nervös sah er sich um.

Frau Kern wohnte etwas außerhalb des Dorfes. Ihr Haus war das letzte von drei Häuschen an der Straße, an deren Ende der See und der Campingplatz lagen. Hier leuchtete nur noch eine einzige trübe Lampe. Das

Haus davor bewohnte ein Ehepaar, das nicht ganz so alt war wie sie. Die Frau war krank, ihr Mann pflegte sie und schob sie manchmal in einem Rollstuhl durch die Gegend. Und im dritten Häuschen wohnte Frau Kerns beste Freundin auch ganz allein, seit ihr Mann verstorben war.

Von den Nachbarn wäre wohl keiner eine große Hilfe. Und bis zum Campingplatz waren es gut fünfhundert Meter.

Licht flammte hinter Frau Kerns Fenstern auf, und Timmy hielt die Luft an. Gleich würde sie schreien.

Aber nichts geschah, alles blieb ruhig. Also war es doch kein Dementor, sondern bloß ein verspäteter Besuch. Timmy seufzte erleichtert. Er krabbelte hinter dem Busch hervor und machte sich auf den Heimweg. Plötzlich fühlte er sich doch ein wenig müde und freute sich auf sein Bett.

Er konnte ja nicht ahnen, dass seine neue Freundin die Nacht nicht überleben würde.

Frau Kern

„Du?“

„Ja, ich. Aber Sie sind doch nicht wirklich überrascht, stimmt‘s?“

Sie sieht mich an, als wäre ich ein Gespenst. Und sie hat Angst vor mir. Dazu hat sie auch allen Grund, die alte Schnüffeltante. Ich habe sie noch nie gemocht. Wie sie mich immer angesehen hat, wie habe ich ihren Blick gehasst.

„Was soll diese Scharade?“

„Scharade? So nennen Sie das? Ich würde das anders nennen!“

Ich muss mich zusammennehmen, die hilflose Wut unterdrücken, die wieder in mir hochkocht und mich verzweifeln lässt. Irgendwann werde ich einen Weg finden, das zu beenden. Bald. Schmerzlos. Noch kann ich es nicht. Denn ich weiß, dann werde auch ich sterben. Ein Leben danach kann ich mir nicht vorstellen. Aber jetzt gibt es andere Probleme.

„Was willst du?“

Ja, was will ich wohl? Eigentlich sollte sie das wissen, denn dumm ist sie nicht. Leider, sonst wäre ich nicht hier.

Ich sehe sie an und habe fast Mitleid mit ihr. Schrecklich, was die Jahre mit einem anstellen. Es kommt mir vor, als sei sie geschrumpft seit damals. Ihre Haut ist dünn und von braunen Flecken übersät. Die mageren Beine, die unter dem Nachthemd hervorlugen, sehen wie zwei knorrige Stecken aus. Ihre wilde Haarpracht, die früher kaum zu bändigen war, ist ausgedünnt und schlohweiß, man kann ihre Kopfhaut sehen. Jämmerlich.

„Wie alt sind Sie denn jetzt eigentlich?“, frage ich, ohne eine Antwort zu erwarten.

„Dreiundachtzig.“ Ihre dünnen Lippen beben, und sie fährt mit der Zungenspitze darüber.

Ich kann sehen, wie es in ihrem Kopf arbeitet. Sie steht zwei Stufen über mir auf dem Treppenabsatz. Ihr Blick fliegt hin und her. Sie weiß nicht, was sie tun soll. Zurück in ihr Schlafzimmer laufen und sich einschließen? Versuchen, an mir vorbei die Treppe hinunterzukommen, und durch die Haustür flüchten? Sie ahnt, dass sie weder das eine noch das andere schaffen kann. Ich bin schneller. Also schreien? Ich muss mir ein Grinsen verkneifen. Hier draußen, um diese Zeit, gibt es außer Fuchs und Marder niemanden, der das hören würde.

Plötzlich verändert sich der Ausdruck in ihrem Gesicht.

„Du wirst nicht damit durchkommen!“ Ihre Stimme vibriert vor Zorn und Verachtung.

Sie hat jetzt wirklich begriffen was gleich geschehen wird. Ein letztes Aufbäumen, und ich gönne es ihr. Denn es ist ja nicht so, dass ich kein Herz habe. Ich tue lediglich, was nötig ist.

„Doch, natürlich werde ich damit durchkommen“, erkläre ich ihr geduldig. „Ich bin immer damit durchgekommen.“

Sie versucht nicht einmal, sich zu wehren, als ich mich auf sie stürze.

Die Beerdigung

Timmy stand vor dem Spiegel und musterte den ihm völlig fremd vorkommenden Jungen, der ihn mit geröteten Augen ansah. Er trug seine besten Jeans und ein weißes Hemd, das ihm seine Mom extra für die Beerdigung gekauft hatte. Und zum ersten Mal in seinem kurzen Leben trug er eine Krawatte. Wie eine schwarze Zunge lag sie auf seiner Brust. Timmy hatte Mühe zu schlucken und wusste nicht, ob Mom die Krawatte vielleicht doch zu eng gebunden hatte oder ob es an dem Kloß in seinem Hals lag, der sich seit Frau Kerns Tod dort eingenistet hatte.

Die Nachricht hatte sich wie ein Lauffeuer verbreitet und ihn wie ein glühender Speer auf dem Schulhof getroffen, gerade als er in der Pause die Wurst aus seinem Brötchen pulte.

Es war Bombe, der eigentlich Toni hieß, der herumrannte wie von einer Wespe gestochen und die schlimme Nachricht herumposaunte. Bombe war der Sohn des Bürgermeisters, dem in der Stadt ein Autohaus gehörte und der stinkreich war. Deshalb hatte Bombe schon mit zwölf Jahren das neuste und teuerste Handy. Irgendwer hatte ihm die Nachricht geschickt, dass man Frau Kern tot unten an der Treppe liegend gefunden hatte.

Timmy fiel das Brötchen aus der Hand.

Tot? Einfach so? Zwei Tage vor den Sommerferien! Und sie hatten doch schon Pläne geschmiedet, was sie gemeinsam unternehmen wollten!

Er konnte nichts dagegen tun, dicke Tränen kullerten ihm über die Wangen, und er wünschte sich, er hätte ein Taschentuch dabei. Hatte er aber nicht, also fuhr er sich mit dem Arm über die Augen.

„Heulst du?“ Bombe musterte ihn erstaunt mit runden Augen.

„Nein“, schniefte Timmy. „Ich heule nicht. Hab was ihm Auge.“

Es war ihm schrecklich peinlich. Die Kinder hier in der Schule waren zusammen aufgewachsen. Und er war der Neue aus der Stadt. Misstrauisch beäugt und bereits als kleiner Spinner abgetan. Er hatte noch keine richtigen Freunde gefunden, weil er lieber für sich allein war und seine Nase in Bücher steckte. Im Grunde genommen war Frau Kern bis jetzt seine einzige Freundin gewesen. Und nun war sie tot!

Timmy kam ein schrecklicher Gedanke. Vielleicht hatte er sich gestern Nacht doch nicht getäuscht. Vielleicht war es doch ein Seelenfresser gewesen, der sich Frau Kern geholt hat!

Wäre ich doch nachschauen gegangen!

Jetzt konnte er nicht mehr anders und begann haltlos zu schluchzen.

Bombe starrte ihn entgeistert an. „Na, na, schon gut“, sagte er und klopfte ihm verunsichert auf die Schulter. „Die war doch schon alt, da kann man schon mal sterben.“

Ein paar Kinder beobachteten sie und kamen näher.

„Frau Kern war echt eine ganz nette Frau“, sagte Steffi mitfühlend und hielt ihm ein Taschentuch hin.

Steffi ging in seine Klasse. Sie war sehr, sehr hübsch, und Timmy war ganz fasziniert von ihrem dicken Pferdeschwanz, der in der Turnstunde fröhlich hin und her schwang. Noch peinlicher konnte es gar nicht werden.

„Danke“, nuschelte er, nahm das Taschentuch und trötete hinein.

Das war vor vier Tagen gewesen. Und seither steckte dieser Kloß in seinem Hals. Der jetzt immer dicker zu werden schien. Timmy war noch nie auf einer Beerdigung gewesen, und er fürchtete sich davor. Er wollte auf keinen Fall vor den ganzen Dorfbewohnern losheulen.

Eva hatte ihren Sohn schon eine ganze Weile beobachtet. Wie er da vor dem Spiegel stand, ihr kleiner Junge, konnte sie sich mit einem Mal vorstellen, wie er in ein paar Jahren aussehen würde. Ein attraktiver junger Mann. Vielleicht würden seine hellbraunen Locken bis dann etwas nachdunkeln, und sein Blick wäre ziemlich sicher nicht mehr ganz so verträumt. Das Leben hatte ihm schon jetzt ein paar bittere Lektionen erteilt, und es würden noch mehr kommen.

Aber er wird es schon packen, mein tapferer kleiner Zauberschüler!

Sie legte ihm eine Hand auf die Schulter. „Bist du bereit?“, fragte sie und sah ihn aufmunternd an.

„Ja, Mom.“

„Dann komm.“

An der Tür drehte er sich um und rannte zurück in sein Zimmer. „Hab’s gleich!“

Als er zurückkam, hielt er seine Harry-Potter-Brille in den Händen.

„Willst du die tatsächlich aufsetzen?“, fragte Eva, die wusste, dass man Timmy wegen dieser Brille ohne Gläser schon aufgezogen hatte.

„Ja, das will ich. Zu Ehren von Frau Kern.“

Er kam ihr plötzlich so erwachsen vor, und sie überspielte ihre Rührung mit einem lauten Schmatzer auf seine Wange.

Fast alle Bewohner des Dorfes hatten sich versammelt, und es herrschte ein regelrechtes Gedränge auf dem Friedhof neben der kleinen Kirche. Im Inneren hätten gar nicht alle Platz gefunden.

Alle zwei Wochen kam ein Pfarrer aus der Stadt, um einen Gottesdienst abzuhalten oder um ein Brautpaar zu trauen, Nachwuchs zu taufen oder für eine Beerdigung. So wie heute.

Die Sonne brannte unbarmherzig auf die Köpfe der Gäste nieder, und schon jetzt wurden Krawatten gelockert und Knöpfe geöffnet. Es würde ein heißer Sommer werden. Und der neu eröffnete Campingplatz ziemlich sicher ein Erfolg.

Eva schämte sich ein wenig, weil sie ausgerechnet jetzt an so etwas dachte.

Auf einer Beerdigung!

Aber sie hatte so geschuftet und nun tatsächlich ein kleines Paradies geschaffen. Lästig waren lediglich die drei Typen, die sich vor Jahren dort eingenistet und sich geweigert hatten, auch nur einen Millimeter von ihren angestammten Plätzen abzurücken. Selbst der Bürgermeister hatte es nicht geschafft, sie zur Räson zu bringen. Sie musste einfach das Beste daraus machen.

„Entschuldigung, dürfen wir mal durch?“

Eva und Timmy drehten sich um. Hinter ihnen stand der Nachbar von Frau Kern und lächelte sie müde an. Mit beiden Händen umklammerte er die Griffe des Rollstuhls, in dem seine Frau saß. Angegurtet, damit sie nicht herausfallen konnte. Ihre Hände lagen auf dem Schoß, sie hatte den Kopf gesenkt, und ihre braunen Haare hingen ihr übers Gesicht, so dass man nicht sehen konnte, ob sie überhaupt wach war.

„Aber sicher doch, Herr Gabach“, sagte Eva und zog Timmy mit sich zur Seite.

„Danke, sehr freundlich“, murmelte er und bahnte sich den Weg bis an den Rand des Kreises, den die Trauergäste um das offene Grab bildeten.

„Arme Frau.“ Eva seufzte. „Und wie schwer und traurig muss sein Leben sein.“ Sie blickte auf ihren Sohn, der den beiden mit gerunzelter Stirn hinterherstarrte.

„Sie hatte einen Hirnschlag, deshalb kann sie nicht mehr gehen und auch kaum noch reden“, versuchte sie ihm zu erklären. „Seither pflegt er sie. Was für ein aufopferungsvoller Mann. Das ist wahre Liebe."

Für einen Moment blitzte der Gedanke in ihr auf, wer wohl sie pflegen würde, sollte sie jemals in so eine prekäre Situation geraten. Niemand, herrje, da gab es niemanden. Hastig schob sie den Gedanken beiseite. Die Glocke des Kirchleins begann scheppernd zu läuten.

„Komm jetzt, Timmy."

Er war froh, dass sie nicht ganz vorne stehen wollte, er wollte weder das offene Grab sehen noch wie der Sarg darin verschwand. Bestimmt würde er sonst heute Nacht davon träumen.

Er stand eingequetscht wie eine kleine Sardine zwischen den Erwachsenen. Vor sich hatte er die breite Hüfte des Bürgermeisters, seine Anzugjacke spannte sich über dem Rücken, als er wie alle anderen in ein Lied einstimmte. Für Timmy klang es wie das Brummen eines Lastwagenmotors im Leerlauf. Neben ihm stand sein Sohn Bombe, und der sang dermaßen falsch, dass Timmy fast losgekichert hätte.

Er schielte durch die Lücken zwischen den Umstehenden. Fast alle kannte er inzwischen vom Sehen, mit den Namen haperte es noch. Und da stand Steffi. Sie entdeckte ihn und winkte ihm heimlich zu.

Timmys Herz machte einen kleinen Sprung. Heute trug sie ausnahmsweise ein Kleidchen – und sah darin noch hübscher aus.

„Liebe Trauer…“, hob der Pfarrer an und wurde von lautem Husten unterbrochen.

Das war Frau Gabach. Anscheinend war sie wach geworden. Hustend und nach Atem ringend sah sie sich verwirrt um.

„Hnnn gnna uuh“, rief sie laut, und Timmy wurde wieder ganz anders.

Sie tat ihm leid, aber gleichzeitig fürchtete er sich vor ihr. An manchen Tagen hing sie leblos wie eine Puppe in ihrem Rollstuhl draußen vor ihrem Haus im Garten. Und Timmy huschte jedes Mal schnell am Zaun vorbei. An ihren besseren Tagen wurde sie von ihrem Mann herumkutschiert.

Dann reckte sie den Hals, sah sich um und brabbelte unverständliche Worte.

Am schlimmsten war es gewesen, als er ihr im Dorfladen begegnet war. Ihr Mann hatte wohl noch etwas geholt und sie bei der Kasse stehen lassen. Timmy hatte versucht, sich an dem Rollstuhl vorbeizuzwängen. Und da hatte sie den Kopf gehoben und ihn angesehen.

Ihre Augen hatten so vor Wut gefunkelt, dass Timmy das Herz in die Hose rutschte. Sie riss den Mund auf und begann zu schreien.

„Öseee, ösee unge!“ Immer wieder dieselben Laute.

Dabei schaukelte sie so heftig mit dem Oberkörper vor und zurück, dass der Rollstuhl zu wackeln begann.

Timmy konnte sich nicht rühren vor Schreck.

„Was ist denn los, beruhige dich, Charlotte!“ Herr Gabach schob Timmy zur Seite und legte seiner Frau eine Tafel Schokolade in den Schoß. „Da schau, deine Lieblingssorte.“

Frau Gabach sah Timmy triumphierend in die Augen, packte die Schokolade, riss das Papier auf und biss ein großes Stück ab.

„Entschuldige, mein Junge“, hatte Herr Gabach gesagt und sich zu Timmy gewandt. „Das war nicht böse gemeint, glaub mir. Du hast sicher nichts falsch gemacht. Manchmal hat sie einfach einen schlechten Tag, und dann rastet sie aus, verstehst du das?“

Timmy hatte genickt und verstört beobachtet, wie Frau Gabach die halbe Tafel verschlang und einen Hustenanfall bekam.

Jetzt hustete sie wieder, obwohl sie nichts gegessen hatte. Der Pfarrer wartete geduldig, bis es wieder still wurde, und fuhr dann mit seiner Predigt fort.

Timmy hörte nicht zu. Denn jetzt hatte er Frau Kerns Enkelin entdeckt. Sie war vor zwei Tagen aus der Stadt gekommen, um sich um alles zu kümmern.

Nele, so hieß sie. Und sie leuchtete wie eine bunte Blume auf einem schwarzen Feld.

Timmy war sofort von ihr fasziniert gewesen. Ihre langen Haare strahlten in einem hellen Rot, und das sah toll aus, auch mit dem schwarzen Ansatz auf ihrem Scheitel. Sie trug verrückte bunte Kleider und Schuhe mit so hohen Absätzen, dass Timmy sich wunderte, dass sie überhaupt damit laufen konnte.

Jetzt stand sie neben dem Pfarrer, und die Tränen auf ihrer Wange glänzten im Sonnenlicht. Sie hatte ihre Oma sehr geliebt. Doch es gab sicher niemanden, der Frau Kern nicht gemocht hatte. Nun füllten sich auch seine Augen wieder mit Wasser, und Timmy nestelte hastig in seiner Hosentasche nach dem Taschentuch.

„Der Herr möge sich ihrer Seele erbarmen", rief der Pfarrer und um ihn herum murmelten die Leute.